Anna Malou

Wanderbarer Mönchsweg

Eine Fußpilgerreise von Glückstadt nach Puttgarden

BOYENS

Alle Fotos stammen von der Autorin.
Titelbild: Wanderwege hinter Zarnekau

www.annamalou.de

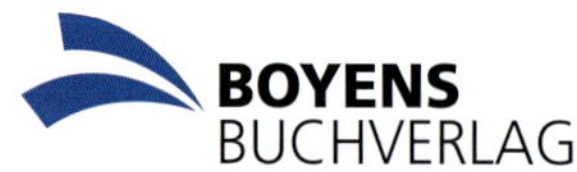

ISBN 978-3-8042-1424-8

Druck: BELTZ Bad Langensalza GmbH, Bad Langensalza
Printed in Germany

www.buecher-von-boyens.de

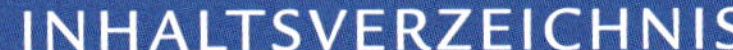

INHALTSVERZEICHNIS

ZUR ENTSTEHUNG DES MÖNCHSWEGES

Der Mönchsweg spiegelt ursprünglich die Geschichte der Christianisierung im Norden Deutschlands wieder. Der Radweg folgt somit der Route der ersten Missionare vor gut tausend Jahren in dieser Gegend. Die Mission ging im 8. Jahrhundert von angelsächsischen Mönchen aus, die von Karl dem Großen beauftragt wurden, die Missionierung im Norden Deutschlands voranzutreiben.

Jedoch hatten die Missionare zu dieser Zeit ein gefährliches Leben, denn ihr Beauftragter, Karl der Große, hatte den Befehl erlassen, dass jeder zu töten sei, der sich nicht bekehren ließ. Dementsprechend war der Widerstand in der Bevölkerung enorm. Und so kam es, dass zwar die Sachsen unterworfen werden konnten, aber bei den Slawen gelang es letztendlich nicht. Vielmehr hatte Erzbischof Ansgar anfangs beträchtliche Erfolge, die aber durch den Slawenaufstand 963 schließlich doch scheiterten. So dauerte es noch bis ins 12. Jahrhundert, bis schließlich auch die Slawen christianisiert werden konnten, wobei der Bischof Vicelin eine zentrale Rolle spielte.

Der Mönchsweg ist als Radfernweg von Glückstadt an der Elbe bis Puttgarden auf Fehmarn mit 342 Kilometern seit dem Jahr 2007 ausgewiesen und gekennzeichnet. Seit Juni 2011 wird der Weg in Dänemark von Rodbyhavn nach Roskilde unter der Bezeichnung „Munkevejen" unter der Routennummer 88 noch 450 Kilometer weitergeführt und ist seitdem auch gekennzeichnet. Seit dem 9.6.2014 ist nun die dritte Teilstrecke von Glückstadt/Wischhafen bis nach Bremen über nochmals 190 Kilometer eröffnet und beschrieben. Somit umfasst der Mönchsweg in seiner Gesamtlänge ca. 980 Kilometer.

Dieser Weg verbindet den christlich-spirituellen Gedanken, verbunden mit sportlicher Herausforderung, entlang der geschichtsträchtigen Kirchen und Klöster, die vorwiegend über landwirtschaftliche Nebenwege durch idyllische Landschaften und kleine Dörfer und Städte führen und somit auch dem Tourismusgedanken zu Gute kom-

men. Da dieser Weg ursprünglich als Radweg gedacht ist, sind die Wege, die benutzt werden, meist geteert, führen aber weitestgehend abseits von den viel befahrenen Autostraßen entlang, so dass Ruhe und Entspannung mit spiritueller Einkehr durchaus möglich sind und ein meist gefahrloses Radfahren oder auch Wandern zulassen.
Die Kennzeichnung der ersten Etappe des Mönchsweges zwischen Glückstadt und Puttgarden, um die es hier in diesem Buch schwerpunktmäßig gehen soll, ist ein Kooperationsprojekt zwischen den vier Landkreisen Steinburg, Bad Segeberg, Plön und Ostholstein und der Nordelbischen Landeskirche. Für die gesamte Strecke von Dänemark über Schleswig-Holstein, Niedersachsen bis hin nach Bremen wurden dann EU-Mittel und Zuschüsse aus den beteiligten Gemeinden und Bundesländern zusammengefasst, so dass die Kennzeichnung und Aufbereitung dieses Weges möglich wurden.
Eine Schwierigkeit stellt sich jedoch auf der Etappe des Weges zwischen Glückstadt und Puttgarden bei der Kennzeichnung ein: Da sich gerade in Schleswig-Holstein verschiedene Radwege, nämlich der Nord- und Ostseeküstenradweg, der Ochsenweg, der Elberadweg und die Holsteinische-Schweiz-Tour mehrfach kreuzen, reicht die Ausschilderung mit dem Hinweis auf das grüne Fahrrad nicht an allen Stellen aus. Hier gilt es sehr aufmerksam dem Mönchswegsymbol mit der geöffneten Kirchentür zu folgen, um den richtigen Weg nicht zu verlieren.
Radfahren oder Wandern? – Das ist nun die Frage, die sich für mich nur sehr bedingt stellt. Von meinen Reisen auf den Jakobswegen bin ich das Pilgern, also das spirituelle Wandern, gewohnt und ich liebe die Ruhe, die langsame Art der Fortbewegung, bei der man immer wieder von den Ausblicken auf die Natur im Besonderen überrascht wird. Das Radfahren bedeutet ein Vorbeisausen an so Vielem, was man als Wanderer viel intensiver wahrnehmen, betrachten und genießen kann. Ich frage mich demnach, ist es möglich, diesen Weg auch zu Fuß zu bewältigen?

Da dieser Weg ursprünglich als Radweg konzipiert wurde, führt er durch vielfach sehr einsames Gebiet. Und demnach erweist es sich als nicht einfach, die Länge der wandertauglichen Tagesetappen so zu setzen, dass man nach jeweils 20 bis 30 Kilometern eine Übernachtungsmöglichkeit finden kann. Zwar sind die Wanderwege hier in Schleswig-Holstein viel ebener und besser ausgebaut als in anderen Ländern die Jakobswege, jedoch bleiben die zu bewältigenden Tageskilometer, in denen man auch seinen Wanderrucksack tragen muss, ein Problem. Auch wenn man unterwegs immer wieder kleine Dörfer durchwandert, bleibt die Schwierigkeit, dass es in diesen meist keine Übernachtungsmöglichkeit gibt, oftmals nicht einmal ein Café oder Restaurant, wo man sich stärken und eventuell rasten kann, ohne mit einem vom Wandern nass geschwitzten Rücken dem oftmals kalten Wind in Norddeutschland ausgesetzt zu sein.

So erfordert es schon Fingerspitzengefühl, planerische Genauigkeit, einiges an Zeit und ein wenig Glück, will man Übernachtungsmöglichkeiten im Vorwege für das Wandern einplanen. Hier in Deutschland sollte man sicherlich die Quartiere im Voraus buchen, da es gerade in den fremdenverkehrstauglichen Gebieten an der Ostsee nicht so einfach ist, nur für eine Nacht ein Quartier zu einem bezahlbaren Preis zu bekommen.

Trotz sorgfältiger Planung gut ein Vierteljahr vor meiner Reise gelang es mir nicht immer die gebuchten Quartiere zu erreichen oder zu beziehen, da mehrfach ungeahnte Schwierigkeiten dem im Wege standen. Hierzu werde ich in den entsprechenden Streckenabschnitten meine Erfahrungen mitteilen. Auch mache ich Vorschläge für eine Quartierbuchung, mit der ich zurechtkam, die jedoch nicht unbedingt die beste Möglichkeit darstellt. Jedoch habe ich erfahren, dass die Quartiervorschläge in der Broschüre über den Mönchsweg (siehe Literaturliste) vielfach für Wanderer nicht zu gebrauchen waren, da stets eine Zwischenübernachtung fehlte, denn in der Broschüre wird von Tagesetappen von 50–60 Kilometern für Radfahrer ausgegangen. Zudem waren die Preise für die Übernachtungsvorschläge vielfach sehr hoch, so dass diese nicht für alle Interessierten akzeptabel erscheinen. Sicherheitshalber ließ ich mir auch alle meine Buchungen schriftlich per E-Mail bestätigen – und trotzdem klappte es nicht immer.

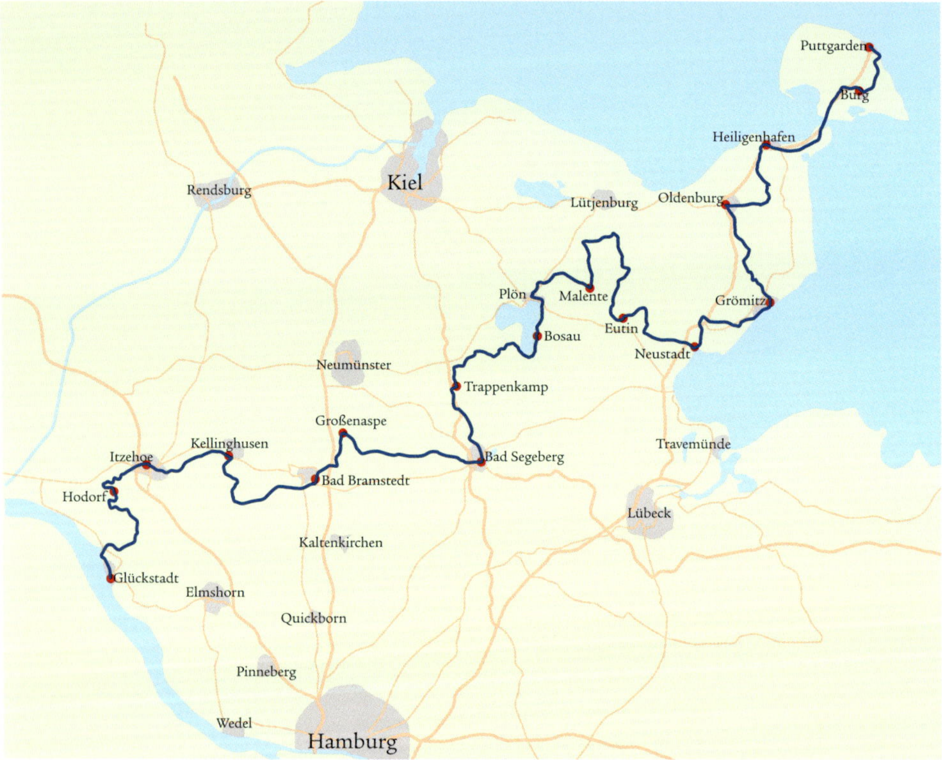

STRECKENÜBERSICHT

Mönchsweg von Glückstadt bis Puttgarden

1.	Glückstadt – Hodorf	25 km
2.	Hodorf – Itzehoe	15 km
3.	Itzehoe – Kellinghusen	20 km
4.	Kellinghusen – Bad Bramstedt	30 km
5.	Bad Bramstedt – Großenaspe	10 km
6.	Großenaspe – Bad Segeberg	30 km
7.	Bad Segeberg – Trappenkamp	20 km
8.	Trappenkamp – Bosau	25 km
9.	Bosau – Bad Malente	20 km
10.	Bad Malente – Neustadt	45 km davon ca. 15 km Schiffsfahrt
11.	Neustadt – Grömitz	15 km
12.	Grömitz – Oldenburg	25 km
13.	Oldenburg – Heiligenhafen	20 km
14.	Heiligenhafen – Burg auf Fehmarn	25 km
15.	Burg auf Fehmarn – Puttgarden	15 km
16.	Puttgarden – Rödbyhavn – Maribo, Fähre, Bus	
17.	Puttgarden – Bad Malente	

Nur, wo du zu Fuß warst,
bist du auch wirklich gewesen.

Johann Wolfgang von Goethe

1. TAG, 28. APRIL: GLÜCKSTADT-HODORF

25 KM

Bei gemischtem Wetter begebe ich mich auf die Reise, denn obwohl das Frühjahrswetter in diesem Jahr sehr frühzeitig begann, bleibt das Wetter meist durchwachsen. Demnach benötige ich meine Vliesjacke, als ich mich auf den Fußweg zum Bahnhof mache. Knappe dreißig Minuten dauert es, bis ich von meinem Zuhause aus den Bahnhof erreiche. Dort kann ich, nachdem ich mir mein Ticket am Automaten gezogen habe, sehr bald in den Zug einsteigen. Umsteigen muss ich in Kiel, wo ich dann den Zug Richtung Elmshorn betrete, um dann dort noch einmal umzusteigen, um in Richtung Glückstadt weiterzufahren. Somit erreiche ich meinen Startpunkt in Glückstadt nach gut zwei Stunden Zugfahrt.

Ein kalter Wind weht mir um die Nase, als ich das Bahnhofsgelände verlasse, um mich zu orientieren, in welche Richtung ich in die Innenstadt komme. Jedoch muss ich nach dem Weg fragen, weil hier noch nichts ausgeschildert ist. Und so laufe ich gut zehn Minuten, bis ich auf dem Marktplatz von Glückstadt ankomme. Sofort fällt mir die große, alte weiße Stadtkirche ins Auge und das gemütliche Ambiente dieses kleinen Marktplatzes. Begeistert schaue ich mir die alten Fachwerkhäuser mit ihren interessanten Fassaden an.

Wegweiser zum Mönchsweg

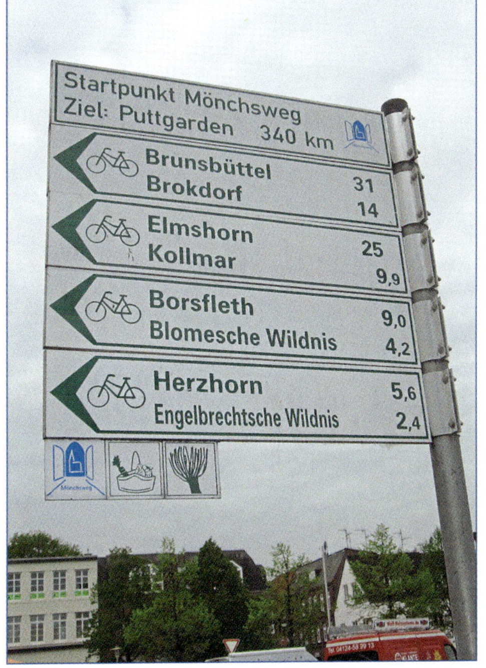

Etwas verunsichert blicke ich mich um, da ich nicht sofort den Einstieg in den Mönchsweg finden kann. Spontan entscheide ich, dass ich mir den ersten Pilgerstempel für meinen Pilgerpass in der Apotheke geben lassen werde. Dort gibt es wirklich einen Stempel für mich, auch wenn die junge, freundliche Frau, die mich bedient, ein wenig schmunzelt. Solche Situationen hat sie offensichtlich nicht alle Tage.

Kaum habe ich die Apotheke verlassen, finde ich – oftmals ist eben ein anderer

Blickwinkel vonnöten – die Ausschilderung zur Touristeninformation und auf dem Wege dorthin passiere ich den ersten Wegweiser zum Mönchsweg.
Dort erhalte ich die wichtigste Information: Der Weg ist 340 Kilometer lang und er führt mich heute als erstes in Richtung Borsfleth. Wenige Schritte weiter biege ich nach links in die Seitenstraße ein, um dort in der Touristeninformation meinen richtigen ersten Pilgerstempel zu bekommen. Die freundliche Dame fragt mich dann noch danach, wie weit ich den Mönchsweg bereisen will. Ich kann sehr zufrieden mitteilen, dass ich den Weg vollständig zurücklegen will und dass ich zu Fuß unterwegs sein werde.
Und schon bald verlasse ich diesen kleinen, beschaulichen Ort, um am Ortsausgang in der Nähe des Hafens die historischen Kontorhäuser und auch einen alten Salzspeicher betrachten zu können.

Historische Kontorhäuser in Glückstadt

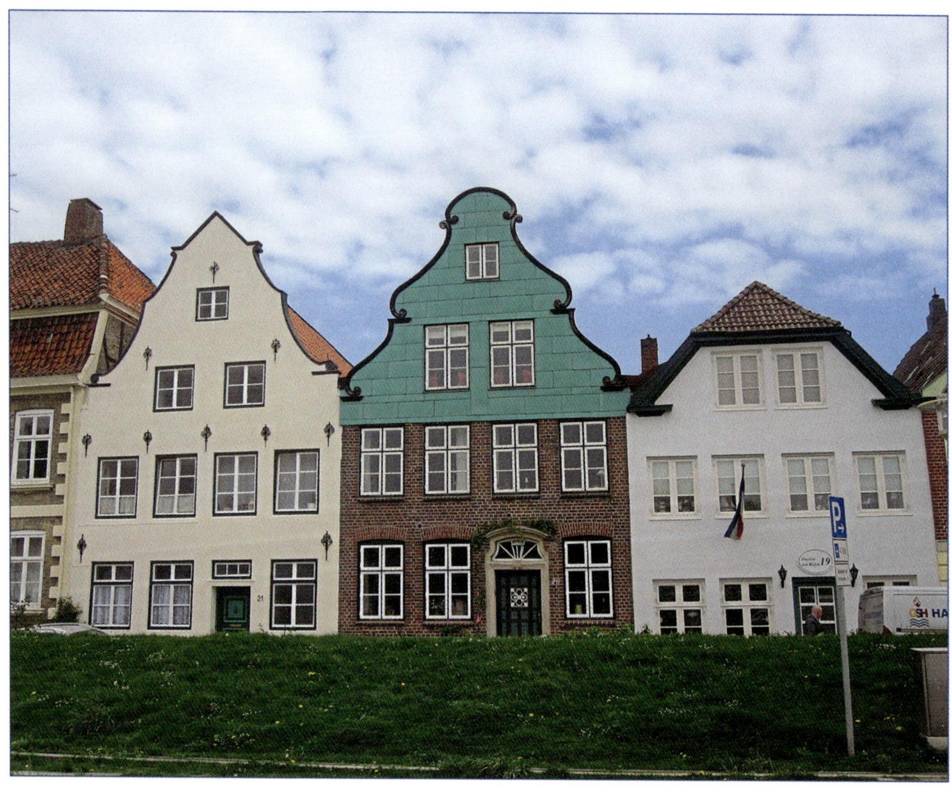

Ich laufe in die Richtung der Blomeschen Wildnis am Elbdeich entlang und genieße die schöne Aussicht auf das Grün des Deiches mit den Schafen, auf die Elbe, die verschwommen im Dunst des Morgens zu sehen ist. Nach kurzer Zeit erkenne ich die Umrisse des Kernkraftwerkes in Brokdorf – offensichtlich ein Stilbruch auf diesem Weg durch die Natur. Auf der rechten Seite des Deiches kann ich immer wieder Reetdachhäuser und auch große Villen mit einladenden, blühenden Gärten bewundern. Hier wohnt die High Society an der Elbe. Wenig später tauchen zwei Leuchttürme in meinem Blickfeld auf, die mit ihren rot-weißen Streifen und ihrer weißen Haube in der inzwischen scheinenden Sonne leuchten. Das ist ein schöner Kontrast zu dem satten Grün des Deiches, alles untermalt mit inzwischen azurblauem Himmel.

Beim Wandern entspanne ich und bin froh und glücklich, dass ich auf dem Weg bin. Der Alltag fängt an, sich aus meinem Leben zu verabschieden, was jetzt zählt, das ist das Hier und Jetzt. Es geht mir gut, mein Rucksack quält mich nur wenig, meine Füße tun ihre Arbeit und ich kann meinen Gedanken nachhängen, die unweigerlich kommen, wenn man alleine in ruhiger Natur unterwegs ist. Ich genieße den Farbenreichtum der Blumen und Bäume in den Vorgärten, spüre die warme Sonne auf meinem Rücken und laufe mühelos dem Tag entgegen. Ein schönes, freies Gefühl umfängt mich.

Wenig später verlasse ich dann die Elbe, wende mich nach rechts zum Stör-Sperrwerk, um dann Richtung Ivenfleth und Borsfleth weiterzulaufen, für eine kurze Strecke leider an der Straße entlang. Da hier jedoch nur wenig Verkehr zu finden ist, macht mir dieses nicht viel aus. Schließlich erreiche ich Borsfleth mit der hohen, alten St.-Urban-Kirche aus dem 17. Jahrhundert. Hier nun gibt es einen Gasthof, in dem ich die erste Pause auf meiner Wanderung einlege. Ein kaltes Getränk kann ich bekommen und eine Pause im Sitzen, und das genieße ich für fast eine halbe Stunde.

Wenig später treffe ich auf eine Vorrichtung für eine Hochwasserpforte, die bei Bedarf dort eingehängt werden kann. Nun wird mir auch klar, warum neben dem Deich geteerte Wege verlaufen: Diese werden beim Deichbau und bei Notsituationen wie Überschwemmungen benötigt, um Hilfsgüter und Maschinen zu transportieren und um den Helfern einen Weg zu ebnen.

Weiter geht es Richtung Krempe. Ich laufe durch das Marschland mit seinen grünen Wiesen, die von Birken und Büschen begrenzt werden.

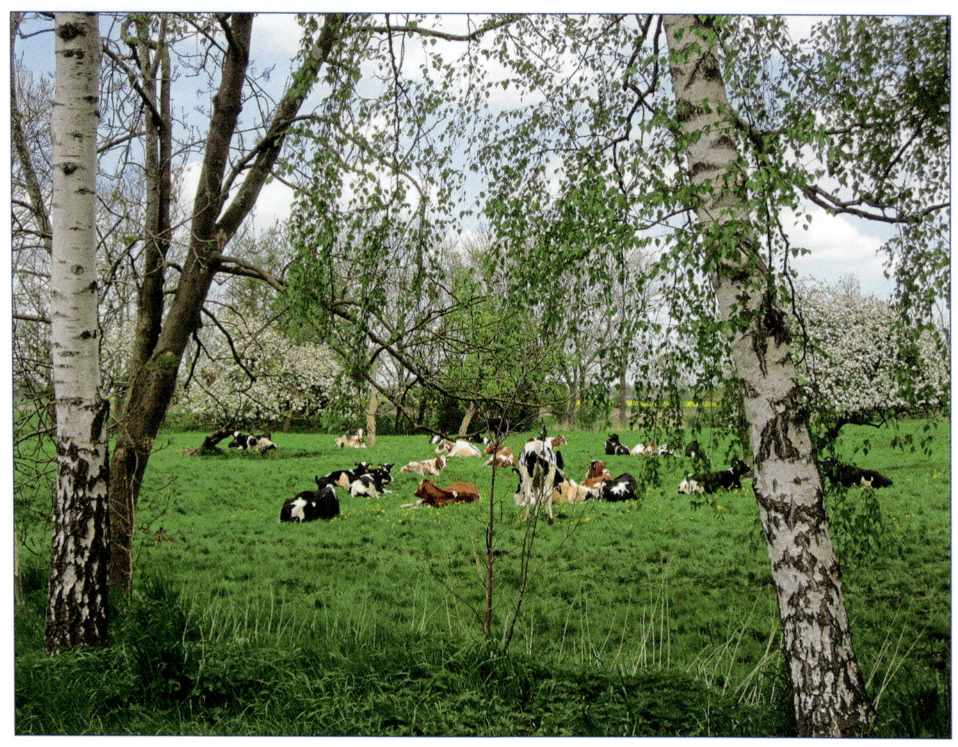

Die Holsteiner Bunten – eine tierische Idylle

Auf den Wiesen tummeln sich entspannt die Holsteiner Bunten, eine tierische Idylle. Ich laufe entlang der Stör, habe immer wieder atemberaubende Ausblicke auf gelbe Rapsfelder in voller Blüte, die hier vermehrt auftauchen. Angekommen in Krempe, treffe ich nach kurzer Zeit kurz vor dem Zentrum auf einen „Gemischtwarenhandel". Eine Familie bietet in ihrem Garten in einem Regal Marmelade und andere selbst produzierte Waren an. Gerne würde ich hier etwas mitnehmen, aber beim Rucksackwandern ist so etwas nicht möglich.

Weiter im Zentrum des Ortes treffe ich auf die St.-Peter-Kirche, eine Backsteinkirche mit einem Zwiebelturm. Diese steht am großen Marktplatz im Zentrum von Krempe. Weiter geht es Richtung Kleinwisch, vorerst immer an den Bahnschienen entlang, bis der Weg sich wieder Richtung Neuenkirchen vollständig der Natur zuwendet. Ich laufe in der warmen Sonne auf den Wegen in der Natur zwischen Wiesen und Rapsfeldern, entspanne, träume und fühle mich nur wohl.

Was für ein schöner Tag, um draußen in herrlicher Natur unterwegs zu sein! Die Rapsfelder liegen im gleißenden Sonnenlicht, duften betäubend und tauchen die Natur in herrliches, sommernahes Gelb. Traumhaft schöne Aussichten beschert mir dieser Weg heute und ich bin dankbar und glücklich, dass ich – wieder – auf dem Weg sein kann. Kurz vor Neuenkirchen sehe ich auf der linken Seite des Weges Schafe auf den Weiden an der Stör herumlaufen, während rechts vom Weg die landwirtschaftlich genutzten Flächen überwiegen. Das Marschland ist mit Birken und Büschen verziert und überall zeigt sich das frische Frühlingsgrün. Ein friedlicher und freundlicher Anblick, der mir sehr gefällt.

Nicht so sehr gefällt mir, dass ich noch immer nicht angekommen bin, die letzten Kilometer ziehen sich erheblich in die Länge. Jetzt muss ich aufpassen, denn in Kürze muss ich den ausgeschilderten Mönchsweg verlassen, um geradeaus Richtung Hodorf weiterzulaufen, da dort mein Quartier für die Übernachtung zu finden ist. Ich laufe durch besiedeltes Gebiet, bei dem überall blühende Bäume und immer wieder schmucke Häuser zu finden sind: eine idyllische Landschaft.

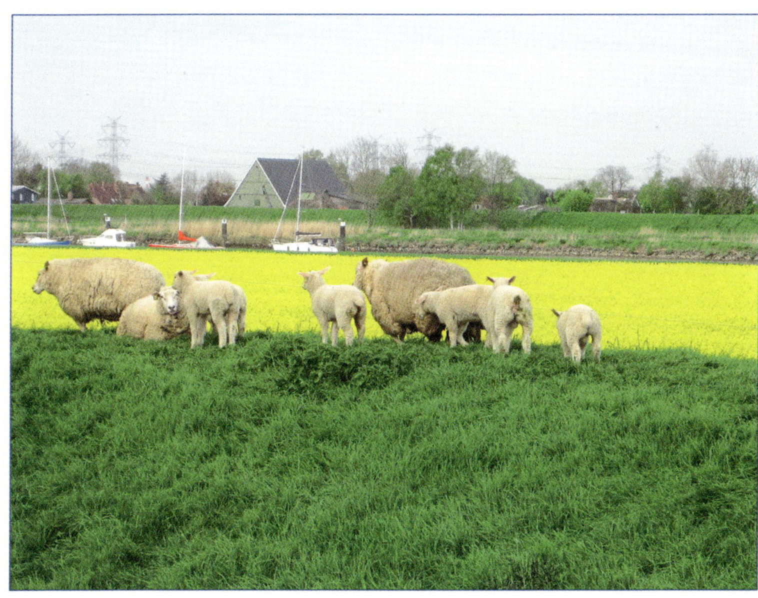

Schafe am Deich kurz vor Neuenkirchen

Mehrmals werde ich hier angesprochen, mit der Frage, was ich hier so allein mit dem Rucksack eigentlich tue. Selbst hier nahe des Mönchsweges erweckt es den Anschein, dass die Mehrheit der Bevölkerung nicht ahnt, dass dieser Mönchsweg so nahe an ihren Wohnorten entlang führt. Für mich ist das befremdlich und ich mache mir so meine Gedanken darüber. Reicht es aus, dass dieser Weg noch nicht so lange existiert oder wo liegen die Gründe dafür? Zurzeit jedoch kann ich diese Frage noch nicht beantworten.

Ich quäle mich weiter voran und bin inzwischen ziemlich sicher, dass ich mir für heute, den ersten Tag, zu viel zugemutet habe, jedoch habe ich bei der Planung vordem keine weitere Möglichkeit für eine Übernachtung gefunden. Also gehe ich weiter, bis ich nach mehreren Nachfragen endlich das Fährhaus in Hodorf erreiche.

Dort angekommen, erwartet mich ein gemütliches Zimmer im ersten Stock, eine freundliche Wirtin und die Gewissheit, dass ich duschen

Blühende Obstbäume im Frühling

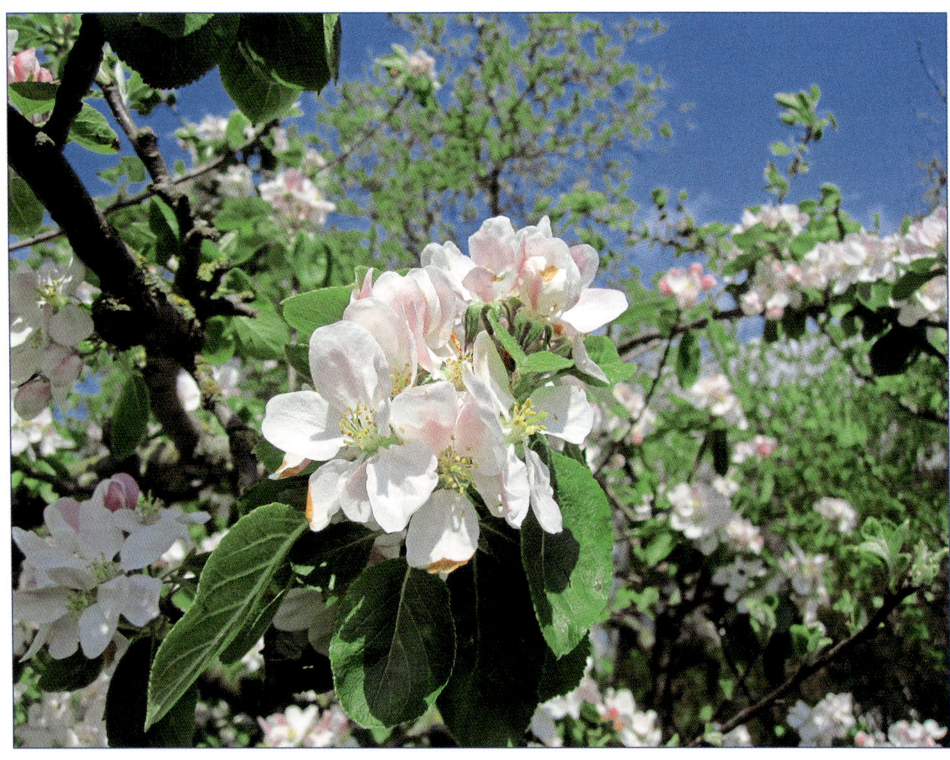

kann und Pause haben werde. Nachdem ich auch noch etwas zu trinken bekommen konnte, bin ich fast wieder zufrieden. Aber ich bin müde, schlafe fast zwei Stunden tief und erschöpft, auch wenn draußen die Sonne scheint und ich sicherlich einen Teil des schönen Tages versäume. Mir ist es egal, ich bin erschöpft und brauche Pause, sofort. Als ich gegen 18.00 Uhr wieder nach draußen gehe, den kleinen Weg vor dem Haus überquere, um mich in den Garten mit einem traumhaften Ausblick zu setzen, scheint die Sonne immer noch, aber es ist kühler geworden, eine Vliesjacke ist jetzt nötig. Da es hier keine Möglichkeit gibt, in einem Restaurant etwas zu essen, informiert mich die Wirtin über die hier bestehenden Möglichkeiten: Ich kann mein Abendessen beim Pizzaservice in der Nähe bestellen und dann wird innerhalb der nächsten halben Stunde das Bestellte geliefert. Ich wähle also, bestelle und kann wirklich wenig später in Ruhe und Gemütlichkeit, im Strandkorb sitzend, mein Abendessen zu mir nehmen. Währenddessen geht die Sonne unter und ich genieße den Blick auf den rosa-orange verfärbten Himmel, der allmählich vom Dunkel der Nacht übernommen wird.

Ich fühle mich erschöpft und bin schon wieder müde, gehe wenig später zum Haus zurück, wo ich froh bin, dass ich schlafen darf, wo es warm und gemütlich ist, denn der Frühlingstag zeigt sich abends in der Temperatur noch nicht so frühlingshaft. Und ich freue mich auf den kommenden Tag, auf ein neues Abenteuer in dieser wunderbaren Landschaft.

2. TAG, 29. APRIL: HODORF–ITZEHOE

15 KM

Als ich um 7.00 Uhr zum Frühstück herunterkomme, erwartet mich eine freundliche Wirtin mit einem reichhaltigen Frühstück. Ich lasse mir Zeit zum Genießen und fühle mich verwöhnt, so dass ich mich gut gestärkt und vorbereitet auf meinen Weg mache.
Es erwartet mich wieder ein traumhaft schöner Tag, als ich meinen Weg zurück Richtung Beidenfleth antrete. Ich laufe heute Morgen auf dem Deich entlang, habe einen wundervollen Blick auf die Stör, treffe immer wieder Schafe auf dem Deich an und muss immer mal wieder Deichtore, auf dem Deich laufend, überwinden. Aber die Anstrengung lohnt sich, denn ich genieße den weiten Blick über das Land mit den gelben Rapsfeldern, mit dem Fluss, der sich durch die Landschaft schlängelt.

St. Nikolai-Kirche in Beidenfleth

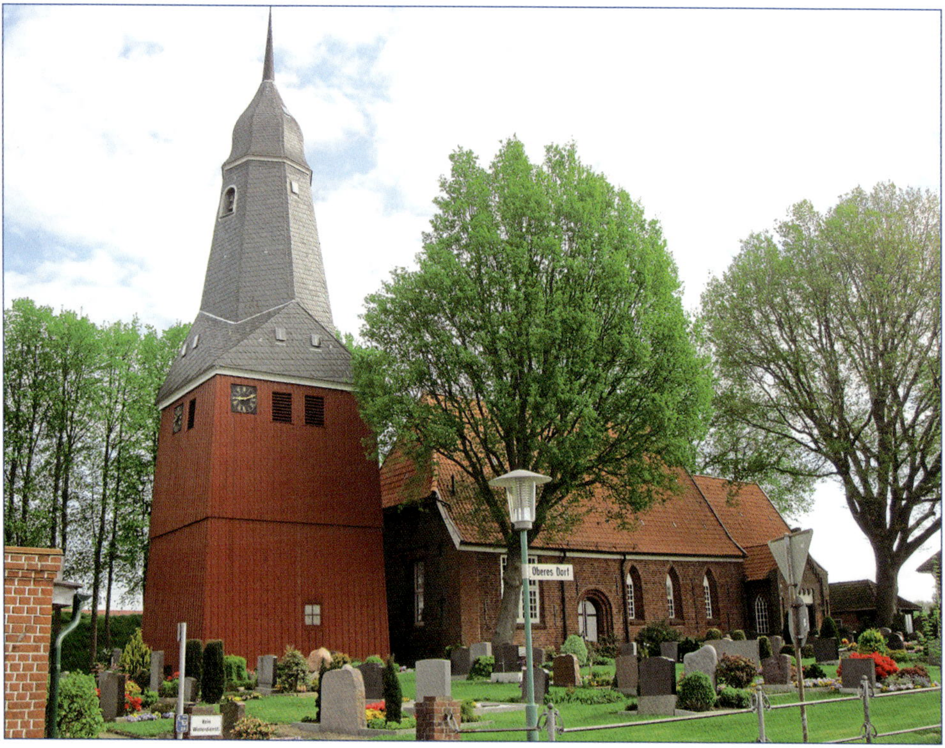

Nach einer guten halben Stunde erreiche ich den Fähranleger, bei dem ich die Stör mit einer kleinen Fähre überqueren muss. Eine freundliche Kapitänsfrau kassiert den Euro Fahrgeld und nach wenigen Minuten befinde ich mich auf der anderen Seite der Stör, auf der ich den weiteren Teil des Mönchswegs fortsetzen kann. An der gegenüberlegenden Seite befindet sich das Gasthaus „Frauen", das jedoch geschlossen zu sein scheint, wie so viele Restaurationen, die ich am Weg gefunden habe. Oder öffnet dieses vielleicht nur in der Hauptsaison? Wenig später stehe ich an der St.-Nikolai-Kirche von Beidenfleth, die aus dem 12. Jahrhundert stammt und im Laufe der Jahrhunderte mehr und mehr ausgebaut und vervollkommnet wurde.

Ich laufe links vom Deich auf dem geteerten Weg entlang, der als Radweg und Fußgängerweg ausgewiesen ist. Die Straße mit dem restlichen Verkehr befindet sich ein beträchtliches Stück weiter links, so dass ich beim Wandern nicht vom Autolärm gestört werde. Blühende Natur, Rapsfelder allenthalben, umrahmt von Reetdach- oder Fachwerkhäusern inmitten von blühenden Bäumen, begleiten mich an diesem wunderbar sonnigen Tag mit blauem Himmel, wie er schöner im Süden nicht sein könnte. Ich laufe im T-Shirt und genieße den Frühling in allen Zügen, die Wärme der Sonne, den Storch im Flug, den Frieden, der mich hier überall umfängt.

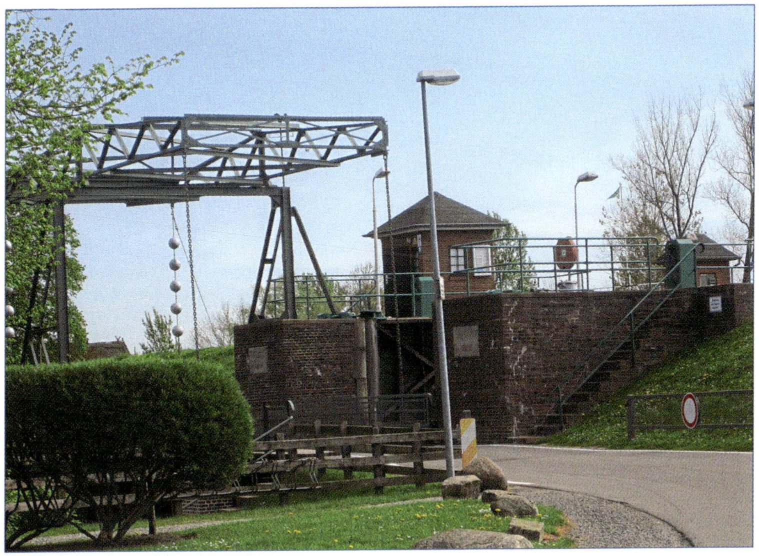

Die Schleuse in Kasenort

Nach einer guten halben Stunde erreiche ich die Schleuse Kasenort. Hier habe ich Glück und bekomme mit anderen Interessierten, die sich hier eingefunden haben, eine weitreichende Erklärung vom freiwilligen Wart der Schleuse. Diese Schleuse existiert seit 1925 und schützt Wilster vor der Flut, wenn Hochwasser aus der Nordsee in die Elbe und von da aus in die Stör drückt. Weitaus früher gab es jedoch auch schon ein Fluttor in Kasendorf, welches früher diese Funktion übernommen hatte. Mit der Schleuse jedoch lässt sich der Wasserstand einfacher regulieren.

Wenig später kann ich einen Imker bei seiner Arbeit in einem Rapsfeld beobachten. Der Raps steht zurzeit in voller Blüte und verströmt einen süßlichen, angenehmen Duft. Das helle Gelb ist so betörend, dass es im Sonnenschein ohne Sonnenbrille fast nicht anzusehen ist. Und rundherum auf den sattgrünen Wiesen blühen im selben Gelb die Butterblumen und wetteifern in ihrer intensiven Farbe mit den Rapsfeldern. Eine Natur zum Malen, zum Fotografieren, zum Bewundern, die das Herz eines jeden höher schlagen lässt.

Ich durchquere Stördorf und Bekmünde, laufe auf autofreien Straßen entlang und erfreue mich an dem blühenden Leben um mich herum: Überall in den Orten gibt es gepflegte Häuser, tadellos gestrichen und

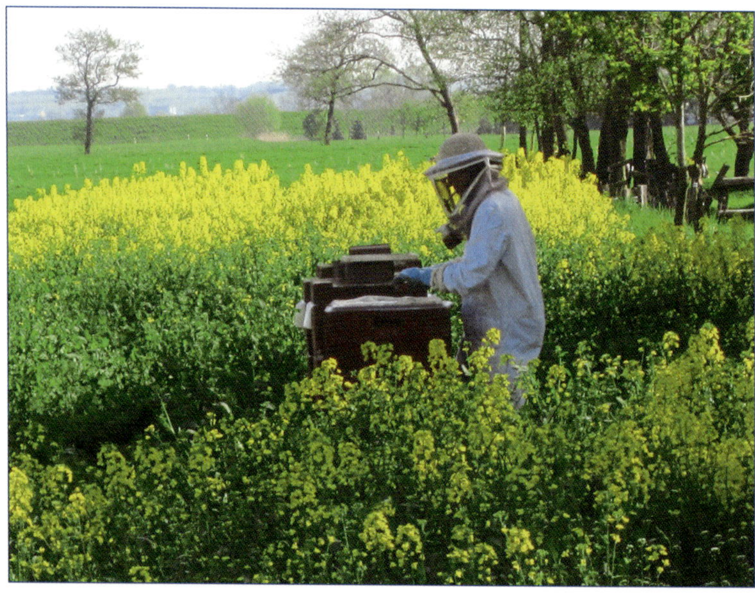

Ein Imker bei der Arbeit im Rapsfeld

hübsch herausgeputzt, von weitem sichtbar durch die überall frühlingshaft blühenden Bäume. In den Vorgärten tummeln sich Tulpen und andere Frühlingsblüher und es ist eine Freude, in dieser idyllischen Natur auf dem Weg zu sein. Ich entspanne und genieße, begegne wenigen Menschen und habe Zeit für meine Gedanken, für eine innere Auszeit. Ich bin dankbar dafür, dass ich auf dem Weg sein kann, dass ich das Laufen ohne Probleme bewältige, dass das Wetter derart frühlingshaft herrlich ist, und ich genieße die Wärme der Sonne auf meinem Rücken.

Als ich gegen 14.00 Uhr Heiligenstedten erreiche, benötige ich Pause, verweile in einem Gartenlokal direkt an der Stör und stärke mich. Der Blick auf das glitzernde Wasser der Stör ist ein Traum und ich bewundere die Wolkenklumpen, die immer wieder von den Sonnenstrahlen durchbrochen werden. Am Nachbartisch hat sich ein Radpilger niedergelassen und wir kommen ins Gespräch. Der weitaus jüngere Mann von ca. 45 Jahren ist redselig, fühlt sich offenbar einsam und wir sprechen über den Mönchsweg, über den schönen, sonnigen Tag und der Radpilger erzählt mir, dass er sich aus Hamburg auf den Weg gemacht hat, seine Heimat näher zu erkunden. Wir haben ein freundliches Gespräch miteinander und schließlich verabschiede ich mich, um die letzten ca. fünf Kilometer bis Itzehoe zu bewältigen.

Beim Verlassen des Ortes Heiligenstedten komme ich an der St.-Marien-Kirche vorbei, die zu den ältesten Kirchen in Schleswig-Holstein gehört, denn bereits 810 wurde sie in den Kirchenbüchern erwähnt, wobei sie jedoch im 13. Und 17. Jahrhundert verändert und erweitert wurde. Hier nun am Ortsausgang verlasse ich die Stör, bin fast traurig darüber, da der Weg entlang des Flusses landschaftlich so reizvoll war.

Die letzten Kilometer fordern mich, ich merke, dass ich mich am zweiten Tag meiner Wanderung wieder erst einmal an alles, vor allem an meinen Rucksack, gewöhnen muss. Es folgen Straßen, die stark von Autos frequentiert sind, bis ich schließlich über einen kleinen Park in den Klosterhof komme, der mich entlang der Klostergebäude direkt durch das Klostertor in die Fußgängerzone der Innenstadt bringt. Und schon stehe ich vor der St.-Laurentii-Kirche mit ihren Zwiebeltürmen, einer Kirche aus dem 18. Jahrhundert, die als Nachfolgekirche der ursprünglichen Kirche aus dem 12. Jahrhundert gilt. Vor dieser Kirche finde ich auch das Mönchswegsymbol mit der Aufforderung „Tritt ein“ und eine Wegweisertafel, auf der die folgenden Orte mit den Kilometerangaben zu finden sind.

Ursprünglich hatte ich in meinen Planungsunterlagen gefunden, dass es möglich sei, im Pastorat kostenfrei zu übernachten. Hier hatte ich mich ca. drei Monate vor meiner Pilgerreise angemeldet. Jedoch musste ich kurzfristig umdisponieren, da der Pastor mich benachrichtigt hatte, dass die Pilgerwohnung längerfristig belegt sei. Freundlicherweise hatte der Pastor mir ein Zimmer in einem Café und Restaurant gebucht, so dass ich auch heute direkt beim Eintreffen in Itzehoe meine Unterkunft ansteuern kann.

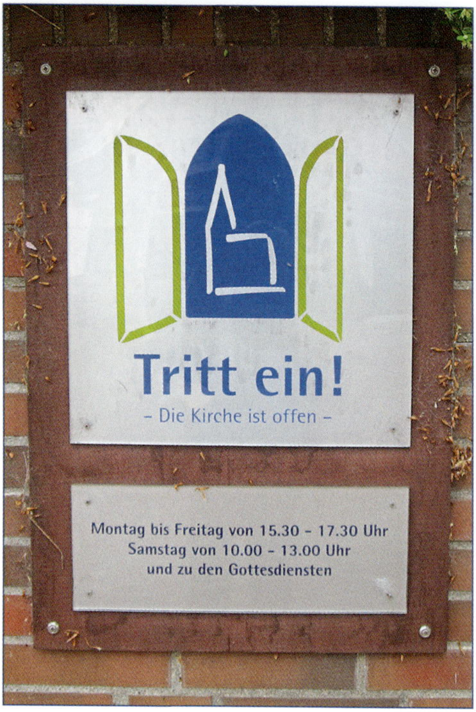

Ich brauche Pause auf meinem Zimmer, dusche, wasche meine verschwitzte Wäsche und ruhe mich aus. Ich fühle mich heute ein wenig überfordert, denn Körper und Seele müssen sich erst auf die neuen Herausforderungen einstellen. Ich denke an zu Hause und fühle mich einsam. Auch das ist etwas Besonderes, wenn man allein unterwegs ist, man muss sich umstellen und sich daran gewöhnen, mit sich selber in Kontakt zu treten. Das ermöglicht neue Einblicke in das Befinden, in das, was einem für den heutigen Tag, für die letzten und die kommenden Wochen wichtig erscheint.

Das Mönchswegsymbol an der St.-Laurentii-Kirche

Am späten Nachmittag erkunde ich meine neue Umgebung: Itzehoe ist eine kleine Stadt, die eine umfangreiche Fußgängerzone aufweist. Ich schaue in kleine Läden mit allem möglichen Krimskrams, welches alles jedoch für mich uninteressant ist: Ich kann keinerlei weiteres Gepäck gebrauchen, da ich alles tragen muss. Besonders schön finde ich eine Gruppe von Metallfischen, die, auf dem Boden eingelassen, sicherlich Störe – zum Fluss Stör passend – symbolisieren sollen. Ich finde, das ist eine schöne Idee. Weiterhin stehe ich plötzlich vor einem Haus, das die Aufschrift „Das verzauberte Hexenhaus“ trägt und interessant mit mehreren Hexen bemalt ist.

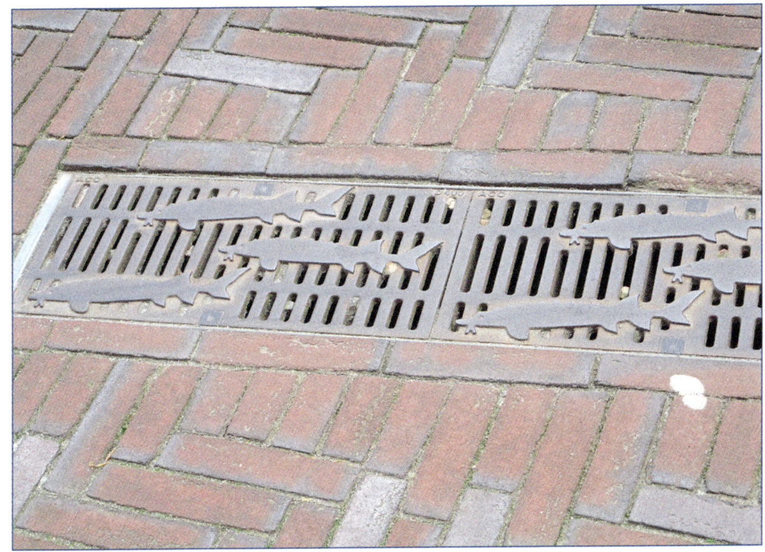

Symbolhafte Störe zum Fluss Stör in der Fußgängerzone von Itzehoe

So verplätschern die letzten Sonnenstunden des Tages, ich gehe noch eine Kleinigkeit essen, bevor ich dann bereits gegen 21.00 Uhr todmüde im Bett liege. Ich bin zufrieden mit diesem Tag, denn ich war in eindrucksvoller Landschaft unterwegs, habe alles gut finden können – die Auszeichnung des Mönchsweges ist sehr gut – und ich kann körperlich die Laufstrecken gut bewältigen. Grund genug, in einen tiefen und traumlosen Schlaf zu fallen.

3. TAG, 30 APRIL: ITZEHOE–KELLINGHUSEN

20 KM UND MEHR

Nach einem reichlichen Frühstück im Café meiner Unterkunft stelle ich fest, dass mich die Gemeinde Itzehoe eingeladen hat, da – wie bereits erwähnt –die vorgebuchte Unterkunft beim Pastor durch jemand anderen langfristig besetzt ist. Ich freue mich über das großzügige Angebot, bezahle mein Frühstück, lasse mir meinen Pilgerstempel in mein Heftchen vom Mönchsweg hineinsetzen und bin dann um 8.00 Uhr startbereit.

Meinen Weg aus Itzehoe heraus kann ich von der Kirche aus gut finden, da hier die Auszeichnung wiederum sehr gut ist. Nachdem ich auf einer kleinen Brücke die Stör überquert habe, wandere ich auf dem Deich weiterhin an der Stör entlang. Schafe tummeln sich dort auf den Salzwiesen und lassen mich diese tierische Idylle genießen. Ich habe einen entspannten, ruhigen Blick über das Marschland hinter dem Deich, muss aber auch so manches Mal auf den Boden unter meinen Füßen sehen, um den Hinterlassenschaften der Schafe auszuweichen. Auf dem Wasser der Stör glitzert die Sonne und es spiegelt sich ein fantastisch sattblauer Himmel im Wasser. Es ist ein wundervoll frühlingshafter Tag, um auf Pilgerwanderung zu gehen.

Wege auf dem Deich an der Stör

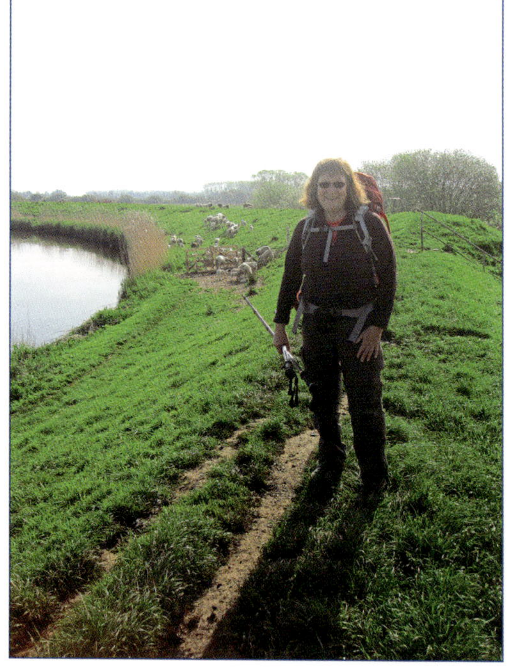

Nach drei Kilometern erreiche ich Münsterdorf, passiere die alte St.-Anschar-Kirche aus dem 19. Jahrhundert. Diese ehrwürdige gotische Kirche steht frei auf einem Rasengelände und sieht malerisch aus. Hier kann ich mir beim gegenüberliegenden Bäcker noch meine Getränke für den heutigen Tag und ein wenig Marschverpflegung besorgen, damit ich für meinen heutigen Wandertag vorbereitet bin.

Ich passiere Breitenburg und freue mich an blühenden Steingartenpflanzen in den Vorgärten des Ortes, bewundere rosa-lila blühende Magnoli-

Blühender Löwenzahn am Wiesenrain

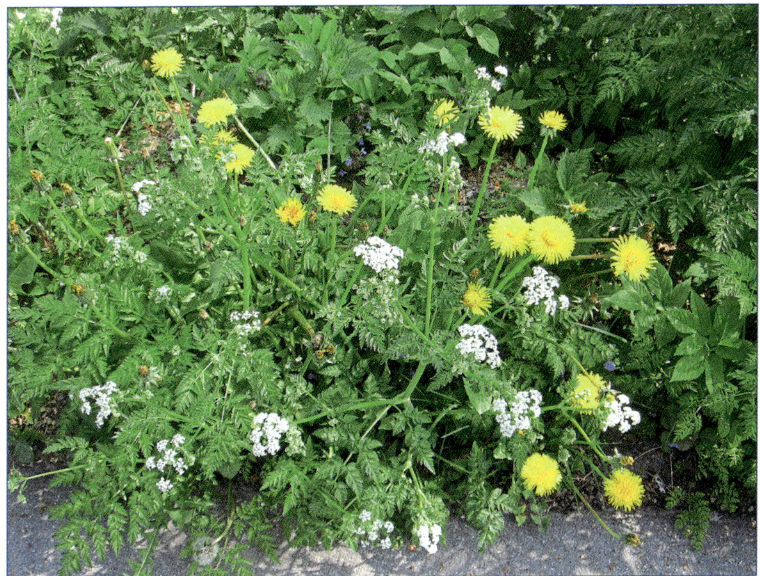

enbäume und immer wieder blühende Kastanienbäume mit ihren weißen filigranen Blüten. Am Wiesenrain blühen Sumpfdotterblumen und immer wieder breitet Löwenzahn seinen gelben, duftenden Teppich aus. Die Luft ist frühlingswarm in der Sonne und ich genieße beim Laufen die Wärme der Sonne auf meinem Rücken.

Wenig später erreiche ich Lägerdorf – und stelle, nachdem die Ausschilderung nicht mehr vorhanden ist, fest, dass ich mich verlaufen habe. Offensichtlich habe ich mich beim letzten Abzweiger von dem Fahrradsymbol verwirren lassen. Nun muss ich doch jemanden von den Passanten fragen. Ich treffe einen älteren Herrn und dieser bestätigt meine Vermutung. So bin ich leider gezwungen, den bereits zurückgelegten Weg noch einmal zu gehen, um bei Breitenburg wieder auf den Mönchsweg zu stoßen. Das kostet mich insgesamt fast eine weitere Laufstunde und ich bin nicht erfreut darüber, aber solche Dinge passieren manchmal auf den Wegen. Jedoch habe ich mir auf diese Art und Weise die Kreidegruben von Lägerdorf ansehen können. Hier wird von einer geschätzt 400 Meter dicken Kreideschicht seit Jahren Kreide im Tagebau abgebaut. Im Laufe der Jahre sind somit tiefe Kreidegruben entstanden, in die man, wenn man über den Zaun schaut, hineinsehen kann.

Ich passiere Kronsmoor und Westermoor, freue mich beim Durchqueren der kleinen Orte weiterhin über wundervoll hergerichtete Bauernhäuser, über blühenden Flieder in den Vorgärten und Tulpen auf den Blumenrabatten. Die Luft duftet nach Frühling und dieser Tag heute vermittelt etwas wundervoll Lebendiges: Ich bin glücklich, dass ich wieder auf dem Weg sein kann, dass ich derartig schöne Landschaften sehen kann, dass es mir gesundheitlich gut geht und ich diese Wanderung fast mühelos durchführen kann. Die Wege sind leicht zu belaufen, eben und ohne Steine, so dass ich mich ganz in den Anblick der Landschaften versenken kann. Meine Gedanken bekommen Flügel und ich kann mich hier auf diesen wenig befahrenen Wegen entspannen und in den Tag hineinträumen.
Gegen Mittag erreiche ich Breitenberg und entdecke im Ort sehr schnell das von weitem sichtbare Storchennest, das zudem auch noch bewohnt ist: Ein Storchenpaar sitzt gemeinsam darin und wartet auf seine Nachkommen, ein wunderbarer Anblick. Ich passiere wieder Reetdachhäuser und blumengeschmückte Vorgärten. Jedoch, als ich den Gasthof ansteuere, um mich ein wenig zu stärken und auszuruhen, hat dieser geschlossen und ich finde keinen Hinweis darauf, warum hier keine Rast möglich ist. Schade, denn eine kleine Rast hätte mir gut getan!
Demnach muss ich bis Wittenbergen weitergehen, um dort vielleicht irgendwo einkehren zu können. Auf dem Weg dorthin laufe ich wieder auf den geteerten landwirtschaftlichen Wegen entlang, die von Wiesen begleitet sind. Kleine Lämmer tummeln sich mit ihren Müttern auf diesen Weiden, braune Kühe weiden auf anderen Weidenabschnitten. Immer wieder huschen kleine Kaninchen über den Weg, lugen aus allen möglichen Ecken hervor. Diese putzigen Gesellen zu beobachten, das macht mir Spaß. Das hier ist eine absolut friedliche und stimmungsvolle Natur, die mir sehr gefällt. An jeder Straßenecke gibt es etwas Neues zu entdecken und ich genieße diese freundliche, stille Umgebung.
Hinter Wittenbergen treffe ich auf einen Kanuverleih, der aber leider heute auch geschlossen hat. Jedoch finde ich den Besitzer auf dem Gelände und dieser hat Mitleid mit mir und verkauft mir ein Getränk und einen Riegel Süßes. Ich sitze auf einer Bank im Schatten und bin völlig ermattet, muss unbedingt Pause machen und habe viel Durst. Die Hitze des heutigen Tages fängt an, mir zu schaffen zu machen, denn meine Getränkevorräte sind inzwischen aufgebraucht.

Während meiner Pause komme ich mit anderen ins Gespräch: Ein Ehepaar macht eine Fahrradtour auf dem Mönchsweg, radelt aber nur für einen Tag und freut sich genauso wie ich an der schönen, idyllischen Landschaft. Wir alle loben das für Norddeutschland wunderbare Frühlingswetter und wünschen uns, dass es so bleibt. Eine andere Familie mit zwei Kindern wandert auf dem Weg, wohnt aber in der Nähe. Besonders die Kinder sind interessiert an meinem Rucksack, fragen, was ich hier so mache. Wir lachen und scherzen zusammen und mir tut es gut, ein wenig Kontakt während meiner einsamen Wanderung zu haben.
Weiter geht es Richtung Kellinghusen. Ich fühle mich zwar besser nach meiner Pause, bin aber immer noch sehr müde und erschöpft. Wenig später überquere ich eine Brücke über die Stör und finde kurz hinter einander zwei Rastplätze. Nun will ich hier nicht mehr Halt machen, ich warte wenig später auf meine Ankunft in Kellinghusen. Hier gibt es nun alles, Restaurants usw. Ich jedoch suche mein Quartier, sehe mir an der Informationstafel das Straßennetz an, muss dann noch einmal nachfragen und finde schließlich ohne große Probleme zu meiner Unterkunft, der Radlerherberge.
Und wie fast immer - auch heute wieder - mein Zimmer befindet sich im 2.Stock. Ich muss demnach viele Stufen mit meinem Rucksack laufen, bis ich endlich Pause habe. Nach dem Duschen und Wäsche waschen liege ich für eine gute halbe Stunde auf meinem Bett und ruhe mich aus, nicke sogar für kurze Momente ein.
Am späten Nachmittag kann ich nun einen Kaffee trinken und im Ort auf Entdeckungsreise gehen. Imposant ist die St.-Cyriacus-Kirche, deren Ursprung aus dem 12. Jahrhundert stammt. Zwar wurde der spitze Turm später gebaut, aber die gesamte Kirche ist interessant, mitten in der Altstadt und der Fußgängerzone gelegen.
Am Abend bin ich sehr hungrig, kehre beim Griechen ein und lasse mich verwöhnen. Am Nachbartisch sitzt zufällig das radelnde Ehepaar, das ich heute Nachmittag beim Kanuverleih getroffen hatte, und wir kommen ins Gespräch. Wir bewundern die schöne Landschaft, den Mönchsweg und das so schöne Wetter. Urlaubsgeplauder macht uns allen Spaß und so vergeht der Abend schnell, bis ich gegen 21.30 Uhr mein Quartier aufsuche. Auch morgen folgt ein langer Wandertag.
Ich bin zufrieden mit diesem Tag, auch wenn meine Beine etwas schmerzen. Das kommt sicherlich von meiner ungeplanten Wegver-

längerung über Lägerdorf. Aber meinen Füßen geht es gut, ich habe dort keine Blasen oder sonstige Schmerzen. Und ich habe Glück mit dem schönen Wetter, bei dem das Laufen in langer Hose fast zu warm ist. Jedoch habe ich darunter gelitten, dass es bei dieser langen Tagesetappe keine Möglichkeit gab, sich zwischenzeitlich zu verpflegen. Für mich bedeutet das demnach, dass ich mich besser selbst bevorraten muss und immer damit rechnen sollte, dass es unterwegs keine Einkehrmöglichkeit und auch keinen Lebensmittelladen gibt. Das ist für mich befremdlich, denn ich habe nicht damit gerechnet, dass in den kleinen Orten so gut wie keine Dienstleistungsbetriebe mehr gibt.

4. TAG, 1.MAI: KELLINGHUSEN–BAD BRAMSTEDT

30KM

Um 7.00 Uhr sitze ich gut ausgeruht und ausgeschlafen am Frühstückstisch und lasse mich von der Wirtin verwöhnen: Es gibt alles, was man sich denken kann, so viel Leckereien kann ich gar nicht aufessen. Und ich bekomme noch Marschverpflegung mit: Apfel, Brot und Wasser. Damit bin ich für den kommenden Tag gut gerüstet und ich starte Richtung Fußgängerzone. Der Wegverlauf ist gut ausgeschildert, so dass ich ohne Mühe den Weg aus Kellinghusen herausfinde. Kurz bevor es wieder in die Natur geht, passiere ich einen wunderbar gestalteten Rastplatz: Ein Mönch aus Holz bewacht eine große Bank- und Tischkombination aus Holz, gepflegt und neu, das ist zu erkennen. Nahe der Ortschaften haben offensichtlich einige Gemeinden den Auftrag, für die Pilger zu sorgen, ernst genommen. Weiterhin steht ein Gedenkstein mit Jahreszahlen in der Nähe. Hier ist zu erken-

Mönch aus Holz am Rastplatz in Kellinghusen

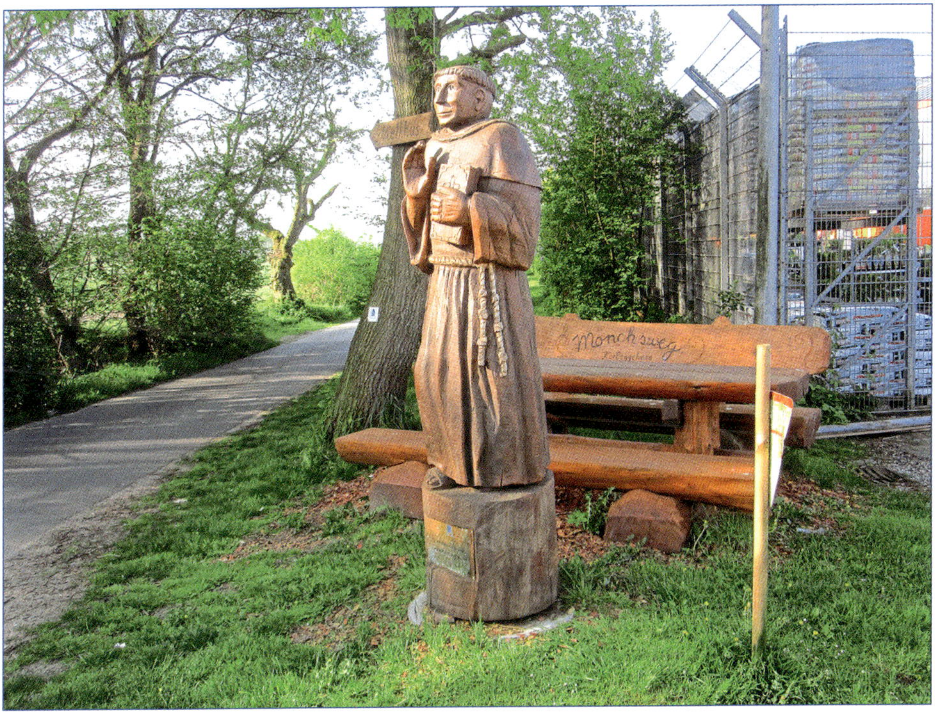

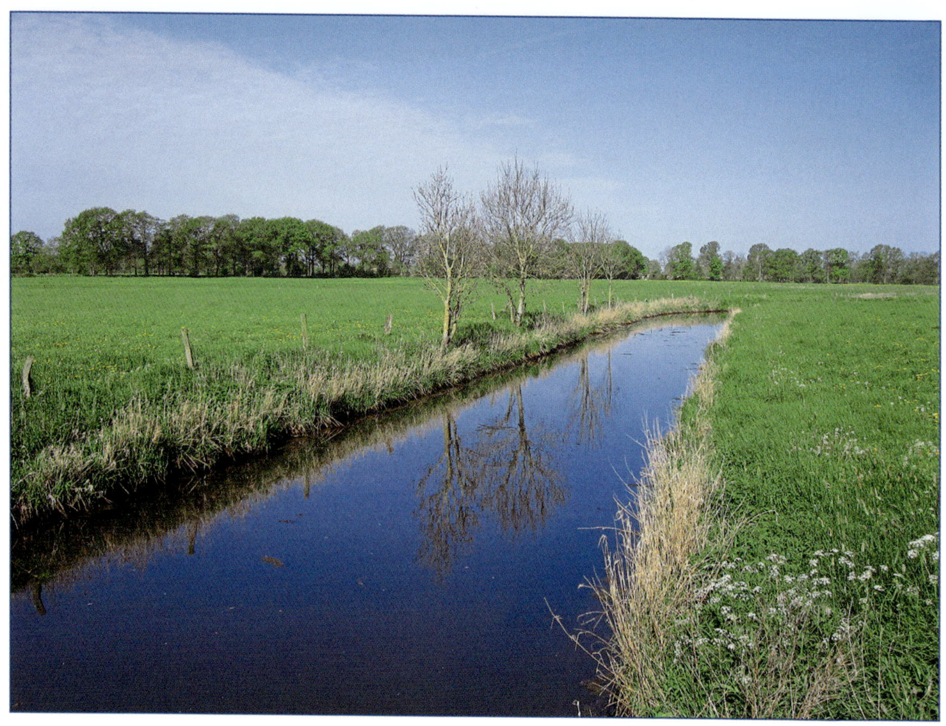

Die Bramau bei Stellau

nen, dass die Wurzeln von Kellinghusen bis in das 12. Jahrhundert zurückreichen, es ist also eine alte Siedlung.

Ich überquere noch ein letztes Mal die Stör und wandere wieder auf dem Deich entlang, habe einen wunderbaren Blick über die Wiesen und das Wasser, bis ich schließlich nach kurzer Zeit auf die Bramau stoße, die ich auch auf einer Brücke überquere. Und wenig später erreiche ich Stellau, wo es eine alte und ehrfürchtige Feldsteinkirche aus dem 13. Jahrhundert zu betrachten gibt. Ich kann hineingehen und mir diese Kirche von innen ansehen, die schlichte, weiß gehaltene Kirche mit dem barocken Altar bewundern. Hier werden zwei Bischöfe dargestellt: Bischof Ansgar, der 865 gestorben ist, und Bischof Vicelin, der 1154 gestorben ist und als Missionar der Slaven gilt.

Mit der Pastorin der Kirche komme ich ins Gespräch, sie gibt mit bereitwillig Auskünfte und setzt mir auch einen Stempel in meinen Pilgerpass. Beim Heraustreten aus dem Halbschatten in der Kirche blendet mich die Sonne. Ich bewundere das gepflegte, mit Blumen geschmückte Areal rund um die Kirche herum, wandere über den angrenzenden Friedhof und verlasse dann diese Kultstätte. Ich fühle mich zufrieden und fröhlich, als ich meinen Weg wieder am Wasserlauf der Bramau fortsetze.

Weiterhin laufe ich im Schatten des Deiches, passiere kleine Orte mit gepflegten Gärten, die sich in ein blühendes Blütenmeer verwandelt haben. Die Obstbäume blühen, aber die Laubbäume sind noch nicht alle grün. Bei den meisten von ihnen lugt das zarte Grün zögerlich hervor. Fliederhecken in allen Violetttönen und Forsythienbüsche begleiten mich und erfreuen meine Sinne mit ihrer Farbenpracht.

Heute bin ich mit kurzer Hose unterwegs, der sommerhafte Frühling in Norddeutschland macht es möglich. Und ich genieße wiederum die warme Sonne beim Unterwegssein, auch wenn es in der Mittagszeit schon fast zu warm wird. Ich laufe an kleinen, geteerten Straßen entlang und fühle mich wohl, der geringe Straßenverkehr belästigt mich

Feldsteinkirche in Stellau

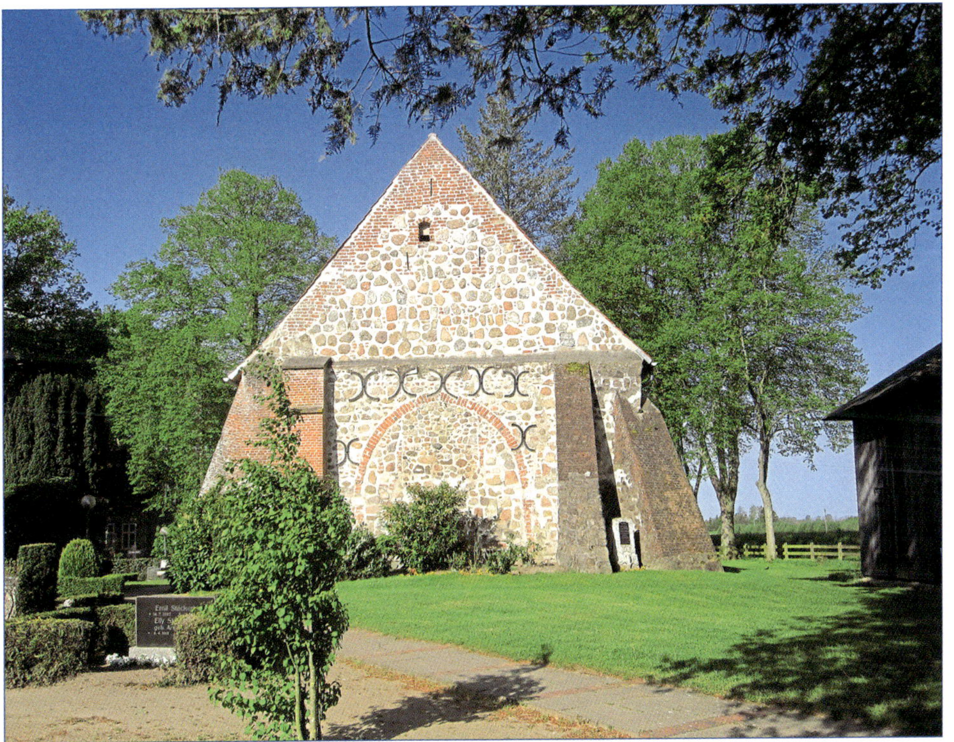

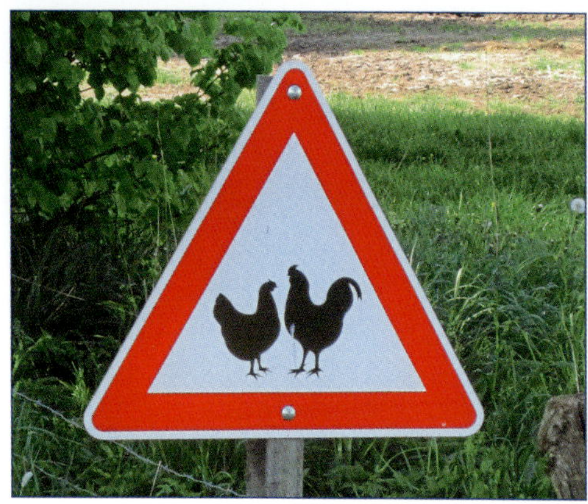

Achtung: Hühner!

kaum. Lachen muss ich jedoch, als ich ein Achtung-Schild sehe, auf dem Hühner abgebildet sind. So ein Schild habe ich bisher noch nirgends gefunden. Aber es spricht für diese ländliche Gegend, wenn hier die Hühner bereits bei den Autofahrern Beachtung finden.
So vergehen die Stunden und gegen 14.00 Uhr treffe ich in Bokel ein. Hier soll es etwas abseits vom Wege eine Einkehrmöglichkeit geben. Ich mache also einen Umweg in der Hoffnung auf eine Pause im Sitzen. Jedoch ist das in der Literatur angekündigte Lokal geschlossen, also, keine Pause. Ich laufe frustriert zurück zum Mönchsweg und setze mich auf den Spielplatz des kleinen Ortes und mache dort meine Pause mit Getränk und dem Brot von heute Morgen. Da taucht plötzlich das Radlerehepaar wieder auf, mit dem ich gestern so einen netten Abend verbracht habe. Auch diese beiden suchen vergeblich nach einem Ort zum Mittagessen. Wir reden eine kurze Zeit miteinander und dann sausen beide wieder davon. In diesem Moment wäre ich auch gerne mit dem Rad unterwegs, denn jetzt zieht sich der restliche Streckenabschnitt ordentlich in die Länge.
Weiter geht es an Wiesen entlang, wo mehrfach Pferde mit ihren Fohlen weiden. Diese Kleinen sind zu niedlich und ich bleibe gebannt stehen, um diese Tiere in der Natur zu beobachten. Der Frühling schenkt dem Menschen in der Tier- und Pflanzenwelt so viele wunderbare Eindrücke, dass dieses hier auf meinem Weg immer wieder zu genießen ist. Ich denke also, dass diese Jahreszeit perfekt für eine Wanderung auf dem Mönchsweg ist.
Schließlich durchquere ich ein kurzes Waldstück und komme an der Waldkapelle vorbei. Diese ist geöffnet und ich gehe hinein, um sie mir anzusehen und um eine kurze Andacht einzuhalten. Ich freue mich über diese Möglichkeit und bin von dieser hübschen Kapelle ganz begeistert.
Gedankenverloren laufe ich weiter. Der Wald fasziniert mich, das Grün der Bäume sprießt zaghaft und es duftet überall nach Frühling und warmer Erde. Neben dem Weg blühen weiße Steingartenpflanzen und die Natur ist hier wieder so richtig schön. Ich laufe in Stille und

Waldkapelle kurz vor Mönkloh

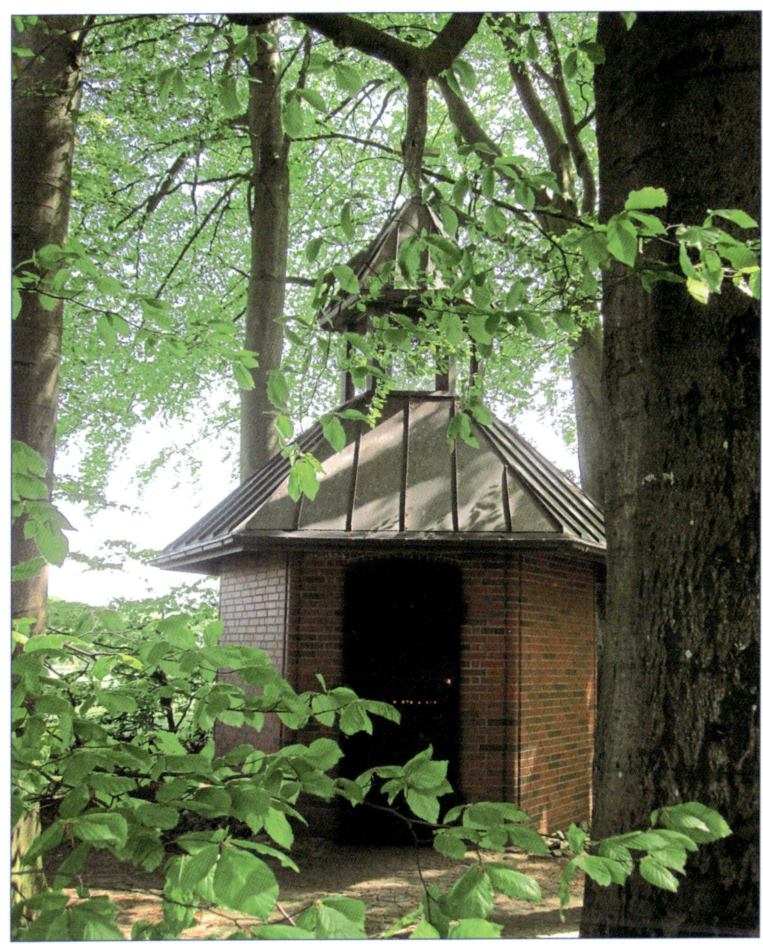

genieße meinen Weg, lasse meine Gedanken fliegen und freue mich meines Lebens.

Nach ca. zwanzig Kilometern erreiche ich Mönkloh, laufe weiter bis Weddelbrook, wo ich glücklicherweise zu Kaffee und Kuchen einkehren kann. Ich sitze draußen am See und fühle mich etwas merkwürdig, da um mich herum die anderen Gäste am heutigen Sonntag in gepflegter Kleidung unterwegs sind. Ich sitze dazwischen mit meiner rustikalen Kleidung und meinem Rucksack und fühle mich, verschwitzt wie ich bin, doch etwas unpassend. Aber nun gilt es, meinen

Prinzipien treu zu bleiben und mich nicht daran zu stören. Wer mit dem Rucksack unterwegs ist, der muss natürlich Abstriche machen, wenn es um kulturelle Errungenschaften wie modische Kleidung oder Ähnliches geht. Hier gilt es, zweckmäßig unterwegs zu sein, wobei man stets damit leben muss, dass sich nach längerer Wanderung die Anstrengung in Form eines verschwitzten Rückens bemerkbar macht.

Der restliche Weg erscheint mir endlos. Es geht an der Straße entlang und ich muss Bad Bramstedt vollständig durchqueren, um zu meinem vorgebuchten Quartier zu gelangen. Es weht inzwischen ein kühler Wind und ich habe die Befürchtung, dass das Wetter sich verändern wird. Wenn ich jetzt die Möglichkeit gehabt hätte, den Bus für die restliche Strecke zu nehmen, hätte ich das sicherlich getan. Aber so eine Möglichkeit gibt es hier nicht und so laufe ich Zähne knirschend weiter. Hier gibt es keine schöne Landschaft mehr, hier sind nur endlose Straßen im Wegverlauf.

Und schließlich bin ich gegen 15.30 Uhr da, endlich im Zentrum von Bad Bramstedt angekommen. Beim Durchlaufen des Ortes stelle ich fest, dass viele Lokale geschlossen sind und erst um 17.00 Uhr wieder öffnen werden. Mit Glück finde ich jedoch ein Café, wo ich zumindest

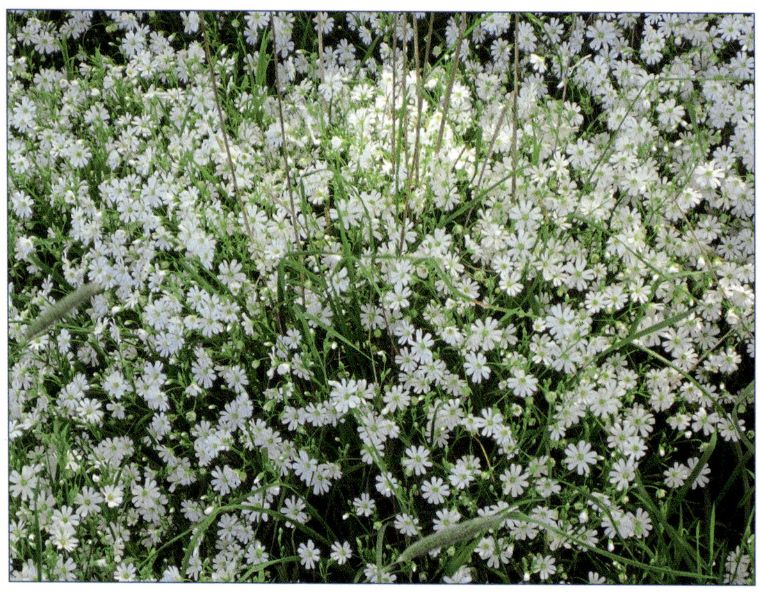

Steingartenpflanzen am Wegesrand

noch etwas trinken kann. Ich raste, trinke reichlich und habe dann die Kraft, mein Quartier zu suchen.
Ich laufe durch viele Straßen mit Einfamilienhäusern, frage mehrmals nach der Adresse und finde so schließlich mein Quartier. Jedoch ist niemand da, niemand öffnet die Tür. Ich warte und stelle beim Herumsuchen fest, dass die Dame des Hauses im Garten arbeitet. Also kann ich mein Zimmer nun doch beziehen und ich freue mich darüber. Das Zimmer befindet sich im Souterrain und wirkt auf mich feucht und nicht so einladend. Aber für eine Nacht wird es schon gehen. Später stelle ich dann fest, woher die Feuchte kommt. Die Dusche befindet sich als Einbaudusche ohne Lüftung auf dem Flur, so dass die Feuchte vom Flur aus in das Zimmer zieht.
Als ich am Abend zum Essen gehe, habe ich noch die Kraft, mir die schöne Maria-Magdalenenkirche aus Backsteinen aus dem 14. Jahrhundert anzusehen. Leider ist sie verschlossen, so dass ich nicht in den Altarraum sehen kann.
Dann möchte ich nur noch Pause machen und essen. Ich sitze drinnen, es ist kalt heute Abend, und nach dem Essen bin ich sehr müde, so dass ich heute schon gegen 21.00 Uhr im Bett liege und meine Ruhepause im Schlaf genieße.
Am heutigen Tag bin ich sehr zufrieden. Ich merke, dass ich loslassen kann, mein häusliches Umfeld rückt in die Ferne und ich lebe im Hier und Jetzt. Und es ist nicht mehr ganz so einsam beim Wandern, ich treffe öfter Spaziergänger oder Radfahrer, aber noch immer niemanden, der mit dem Rucksack unterwegs ist so wie ich. Trotz allem bin ich heute entspannt, lasse die Seele baumeln, laufe mühelos und stelle fest, dass ich meinen Rucksack nicht mehr als Last empfinde, ihn streckenweise vielmehr vollständig vergesse.

5. TAG, 2. MAI: BAD BRAMSTEDT-GROSSENASPE

10 KM

Heute habe ich eine kurze Wegstrecke vor mir, ich lasse mir Zeit mit dem Frühstück und starte erst gegen 9.00 Uhr. Ich laufe durch den Ort, bewundere ein weiteres Mal die alte Kirche, die nun geöffnet ist. Beim Hereintreten fällt mein Blick sofort auf den Altar und ich erkenne zu meinem Erstaunen meinen Freund, den heiligen Jakobus, der in seiner linken Hand die Jakobsmuschel hält. Es gibt eine überlieferte Geschichte, die besagt, dass der heilige Jakobus am Tage seines eigenen Begräbnisses einen jungen Mann adliger Herkunft aus dem Meer gerettet haben soll. Dieser junge Mann soll vollständig mit Muscheln bedeckt gewesen sein. Seitdem wird im Zusammenhang mit dem heiligen Jakobus stets die Jakobsmuschel erwähnt, sie ist das Sinnbild für die Pilger, die in großer Vielzahl seit Jahrhunderten an das Grab des heiligen Jakobus` nach Santiago de Compostela pilgern. Ich fühle mich heimatlich berührt, war ich doch auch bereits mehrfach nach meinen Pilgerreisen in Santiago de Compostela, um dort in der Kathedrale den Schrein des Jakobus` zu bestaunen.

Und schließlich kehre ich in der Apotheke ein, um mich mit Halstabletten zu versorgen. Wahrscheinlich war ich gestern mit meiner Wanderung in kurzen Hosen doch zu wagemutig für diese Frühjahrszeit. Die Apothekerin betrachtet meinen Rucksack und ist sehr neugierig und interessiert an meinen Plänen, an meinem Weg, kennt sich aber auch nicht damit aus, hat kaum einmal gehört, dass der Mönchsweg durch Bad Bramstedt führt.

Hinter der Sparkasse führt mich mein Weg nach links aus dem Ort heraus, den ich im Nu verlassen habe. Ich laufe durch langgestreckte Alleen auf kleinen, geteerten Nebenstrecken entlang. Späte kreuze ich immer wieder Waldgebiete, genieße den Anblick auf die alten Bäume mit dem gerade sprießenden, frischen Grün. Immer wieder erhasche ich auch einen Blick auf die Rapsfelder, die gelb und frisch zwischen den Bäumen hindurchschimmern.

Leider ist heute das Wetter nicht mehr so schön. Aus dem traumhaft blauen Himmel der letzten Tage hat sich ein grauer Einheitsbrei entwickelt, der von einem kalten Wind begleitet wird. Schade, ich hatte mich gerade an das „südliche“ Klima gewöhnt.

Ich fühle mich gut heute, laufe mühelos und bin von der einfachen Beschaffenheit der Wege geradezu entzückt. Wenn ich das mit den zum Teil sehr schwierigen, steinigen Wegen mit großen Höhenunterschieden auf den von mir bereits auf früheren Pilgerreisen belaufenen Jakobswegen vergleiche, dann kann ich feststellen, dass der Mönchsweg ein sehr einfacher, gemütlicher Wanderweg in schönster, einsamer Natur ist, der kaum Höhen aufweist. Somit eignet er sich für jedes Lebensalter und ist somit auch für weniger geübte Wanderer gut zu bewältigen.

Heute, gegen 12.00 Uhr, erreiche ich bereits Großenaspe. Ich durchquere mehrere Straßen mit Einfamilienhäusern und entscheide mich schließlich, ein älteres Ehepaar, welches im Garten arbeitet, nach dem Weg zu meiner Unterkunft zu fragen. Ich sehe etwas betretene Gesichter und verstehe nicht so ganz, worum es geht. Schließlich formulieren die Einwohner aus Großenaspe es vorsichtig: „Der Weg ist aber noch ziemlich weit."

Ich fühle mich irritiert, als ich wenig später im Zentrum des kleinen Ortes in den dort zum Glück befindlichen Bäckerladen mit Café eintrete. Pause bei Kaffee und Brötchen, das ist eine Köstlichkeit, die für mich auf diesem Wege bisher noch nicht so häufig möglich war. Und schließlich erfahre ich hier nun die ganze Wahrheit: Mein gebuchtes Quartier befindet sich in der Hamburger Straße, die jedoch noch ca. sechs Kilometer entfernt liegt. Zwar gehört dieses Tagungshaus, in dem ich meine Unterkunft gebucht habe, zur Gemeinde Großenaspe, liegt aber weit vom Zentrum entfernt. Bei der Buchung des Zimmers hat man mir zwar erzählt, dass ich dort zurzeit keine Verpflegung bekommen kann, man hat mir aber die exakte Lage so weit außerhalb verschwiegen. Nun bin ich doch erst einmal ratlos, denn so ganz ohne Verpflegung kann ich den heutigen Abend und auch den kommenden Morgen bei dieser erneut verlängerten Strecke nicht überstehen.

Die Katharinenkirche in Großenaspe

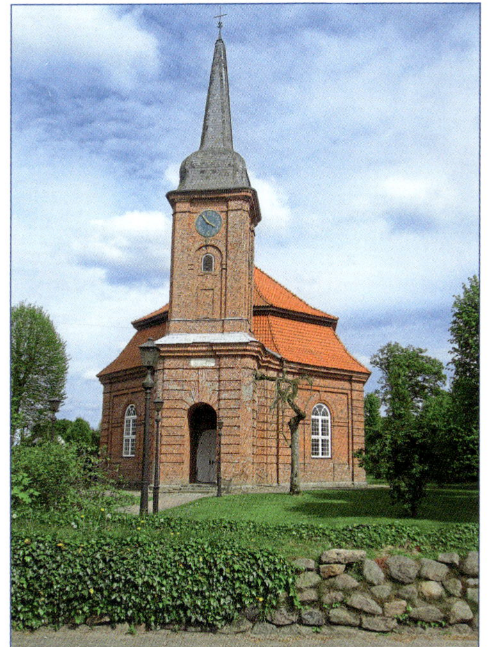

Jedoch hat die freundliche Verkäuferin in der Bäckerei ein Herz, als sie von meinem Missgeschick erfährt. Sie sagt einfach:

„Moment mal", und fängt dann an zu telefonieren. Im Telefonat höre ich mit, dass sie den Rat einer anderen Frau einholt und schon ist die Marschrichtung wieder klar: Es gibt hier im Ort noch eine andere Gaststätte, die zurzeit noch Zimmer vermietet. Und schon bald erhalte ich die erlösende Nachricht: Es ist ein Zimmer frei und ich kann dieses beziehen. Mir fällt ein Stein vom Herzen, denn inzwischen hat es auch noch angefangen zu regnen und ein kalter Wind weht, als ich

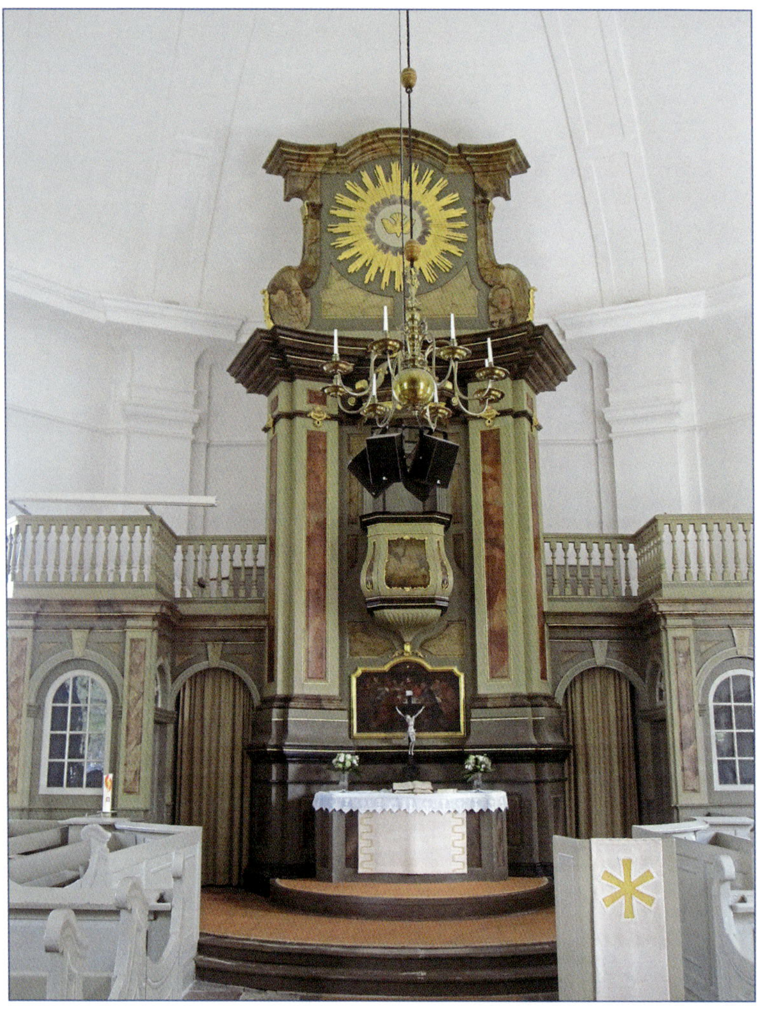

Die Katharinenkirche in Großenaspe, Innenansicht

mich von der freundlichen Frau im Bäckerladen verabschiede, um die benannte und beschrieben Gaststätte aufzusuchen. Sie liegt am anderen Ende des Ortes, aber da dieser sehr klein ist, kann ich dieses in der Nähe der alten Mühle nach zehn Minuten Fußweg finden.
Nach kurzer Wartezeit werde ich von einem Freund des Hauses hereingelassen und kann mir die Wartezeit, bis mein Zimmer fertig ist, mit einem heißen Kaffee zum Aufwärmen verkürzen. Ich sitze somit als einziger Gast in der Gaststätte und warte, bin aber entspannt, da ich nun weiß, dass ich für heute hier bleiben kann. Jetzt habe ich Zeit und das Warten macht mir nichts aus.
Wenig später kann ich dann mein Zimmer beziehen und ich genieße es, dass ich heute Zeit habe, schlafe fast zwei Stunden und habe dann noch Gelegenheit, meine Wäsche in Ordnung zu bringen, denn diese wird sicherlich in dem geheizten Zimmer noch bis morgen trocknen. Und als ich dann am Nachmittag wieder nach draußen trete, lugt sogar die Sonne wieder hervor. Es geht mir gut, ich fühle mich besser und somit kann mir der immer noch kühle Wind nicht viel anhaben. Ich ziehe meine Vliesjacke fester zu und mache einen Spaziergang durch den kleinen Ort, um vor allem die Kirche zu besichtigen.
Die Katharinenkirche besticht durch ihre besondere Form: Im 18. Jahrhundert erbaut, hat sie eine achteckige Form und einen hohen, spitzen Turm. Ihren Namen soll sie angeblich von der Zarin Katharina II. erhalten haben, die damals ihren Einfluss in diesem Gebiet gehabt haben soll. Die Kirche ist offen und ich kann sie mir somit auch von innen ansehen. Ich bewundere eine schlichte, weiß gehaltene Kirche, die durch einen hölzernen riesigen Altar und eine wunderbare, große Orgel aus dem 19. Jahrhundert besticht. Sogar ein Kruzifix aus dem 13. Jahrhundert kann ich in dieser Kirche bestaunen.
Danach sitze ich in der Kirche und lasse dieses schöne Bauwerk auf mich wirken. Ich bin dankbar heute, dass sich wieder einmal meine Probleme auf dem Weg haben lösen lassen, dass ich Hilfe bekommen habe, als ich gar nicht mehr damit gerechnet hatte. Es erfüllt mich Frieden und Ruhe und ich lasse meine Gedanken schweifen. Ich bin der festen Auffassung, dass Gott es gut mit mir meint, dass er mich auf diesem Weg beschützt und mir hilft, meinen Weg zu gehen. Ich denke an die vielen Menschen, die vor mir auf diesem Weg unterwegs waren, an die Mönche, die gegen zum Teil kriegerischem Widerstand versucht haben, die Christianisierung in diesem Land durchzusetzen. Wie viel entspannter und in Frieden kann ich jetzt nach diesen Jahr-

hunderten auf meinem Weg sein, auf sicherem Terrain wandern und die landschaftlichen und kulturellen Schönheiten genießen.
Nach einem längeren Spaziergang aus dem Ort heraus an vielen Vorgärten entlang kehre ich in meinen Gasthof ein, in dem ich heute übernachte. Ich bin sehr hungrig und möchte heute früher essen als sonst, da ich morgen eine lange Strecke von 30 Kilometern vor mir habe. Morgen habe ich keine Wahl, unterwegs gibt es keine weitere Übernachtungsmöglichkeit, so dass ich eine derartige Streckenplanung vornehmen muss. Auch gibt es hier keinen Bus, es fährt nur der Schulbus. Da jedoch morgen Sonnabend ist, kann ich damit nicht rechnen.
Im Gasthof sitzend, bekomme ich Gesellschaft. Es kehren am späteren Abend noch zwei Radpilger ein. Zwei Freunde sind zusammen für eine Woche mit dem Rad auf dem Mönchsweg unterwegs. Wir begrüßen uns und sitzen beim Essen im Gespräch miteinander. Ich genieße diese unverhoffte Gesellschaft, höre, dass die beiden Männer so um die fünfzig Jahre alt sind und hier eine Herrentour machen wollen. Sie lieben die sportliche Betätigung und sind - aus dem Rheinland kommend - von der eindrucksvollen Landschaft hier oben im Norden ganz begeistert. Auch freuen sie sich an den meist ebenen, einsamen Wegen, so ganz anders als in ihrer Heimat. Jedoch sind sich beide einig, dass das Laufen auf einem solchen Wege für sie beide nicht in Frage käme, viel zu anstrengend. Ich hingegen liebe die Ruhe beim Laufen, liebe es, die Natur auf mich wirken zu lassen, und freue mich, wenn ich meine Gedanken fließen lassen kann, ohne auf die Technik des Radfahrens mit der erhöhten Geschwindigkeit achten zu müssen. Das Leben entschleunigt sich und ich habe Zeit auf meinem Weg. Ich bin die Schnecke, die ihr Haus in Form des Rucksackes auf ihrem Rücken trägt, ich komme langsamer voran, aber ich genieße das. Für mich ist das die richtige Art und Weise, diesem Weg zu begegnen.
Als ich dann kurz nach 21.00 Uhr schlafen gehen, fühle ich mich zufrieden, nicht mehr so ganz allein auf diesem einsamen Weg und freue mich auf neue Abenteuer - morgen.

6. TAG, 3. MAI: GROSSENASPE–BAD SEGEBERG

30 KM

Dank der guten Auszeichnung der Wege, kann ich meinen Weg aus Großenaspe heraus leicht finden, nachdem ich beim Bäckercafé ein gutes Frühstück eingenommen habe. Auch heute Morgen ist es wieder kühl, ich brauche meine Vliesjacke. Ich belaufe geteerte, landschaftlich schöne Wege durch Wiesen und an Rapsfeldern vorbei. Als dann die Sonne durch die Wolken bricht und ein strahlend blauer Himmel mich verwöhnt, bin ich glücklich und zufrieden.

In einem Dickicht entdecke ich auf einmal ein Reh und das ist für mich die Einstimmung, dass es nun Richtung Segeberger Forst geht. Die Sonne lugt glitzernd zwischen den Bäumen hervor und taucht den Wald in einen morgendlichen Frühlingswald. Ich genieße die immer wieder so wunderbaren Momentaufnahmen der Natur, laufe in zügigen Schritten und fühle mich wohl. Gut ausgeschlafen wie ich bin, stört mich der Rucksack nicht mehr, denn ich habe mich inzwi-

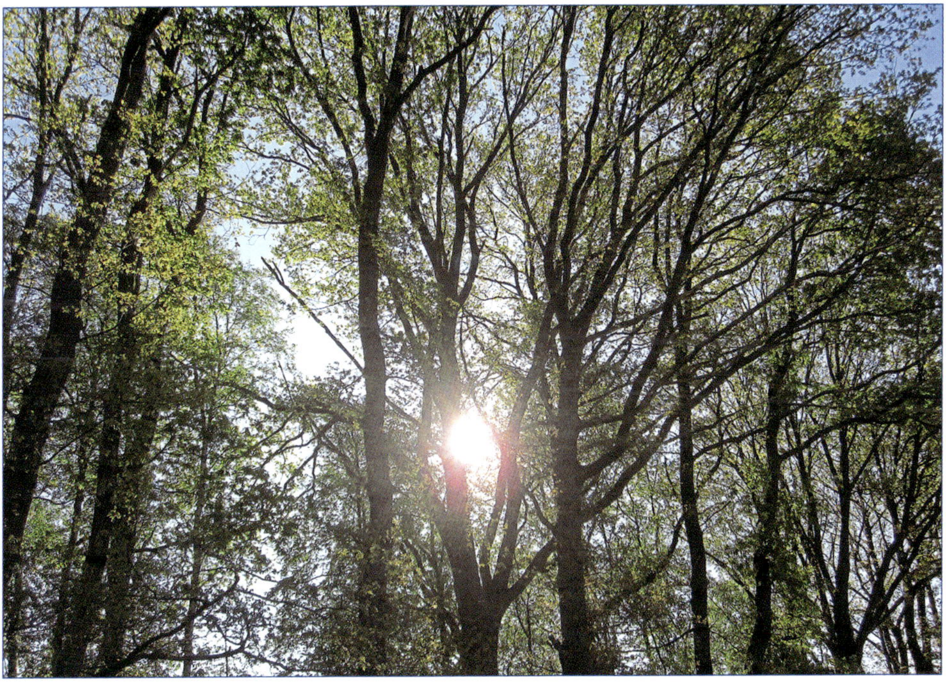

Morgensonne im Frühlingswald

schen wieder völlig an ihn und sein Gewicht gewöhnt. Und auch meine Füße machen mir keinerlei Probleme, ich bin gut vortrainiert und habe wohl deswegen keine Blasen an den Zehen oder sonstige gesundheitliche Einschränkungen.

Wenig später erreiche ich den Wildpark Eekholt, der, privat bewirtschaftet, mit einem großen Tierbestand von Tieren aus Mitteleuropa auf einem fast siebzig Hektar großen Gelände mehr als sehenswert ist. Man kann sich hier alleine bereits für mehrere Tage aufhalten, so dass ich mich entscheide, an meinen dreißig Kilometern für den heutigen Tag zu arbeiten.

Ich passiere den Mayenborn und bewundere das Spiel der Farben: Im Wasser spiegelt sich das Blau des Himmels und die Sonne taucht dieses Naturschauspiel, das von zögerlich grünenden Bäumen umrahmt wird, in ein surreales Licht. Das ist eine idyllische Landschaft, die so sehr von Frieden und Unversehrtheit geprägt ist.

Wenig später erreiche ich den Ortsteil Klingt nahe Heidmühlen, jedoch ist leider von einer Einkehrmöglichkeit, wie in der Literatur be-

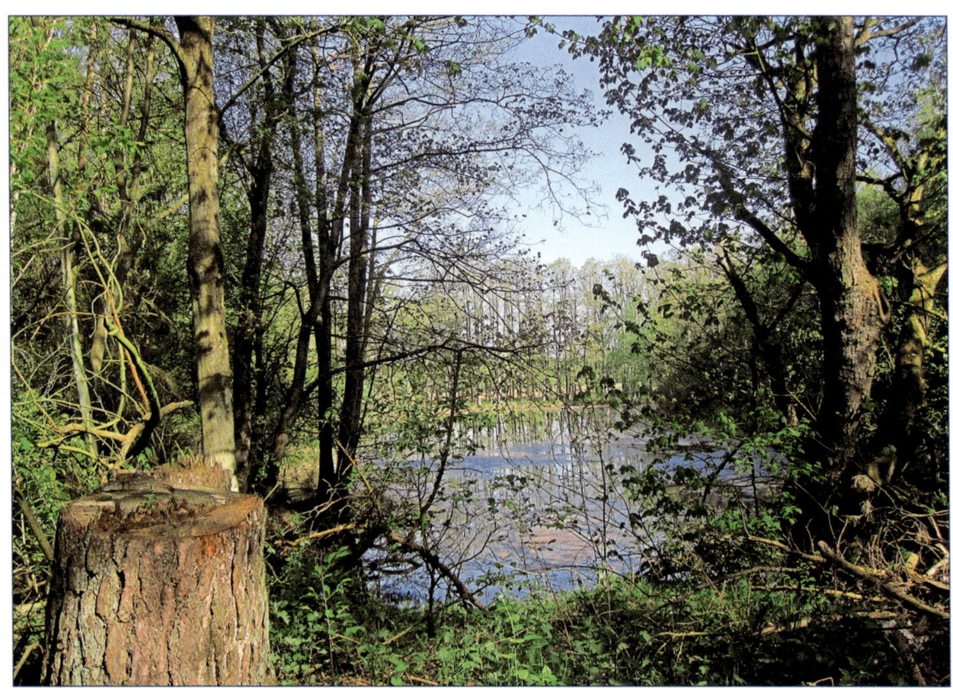

Naturschauspiel am Mayenborn hinter dem Wildpark Eekholt

schrieben, nichts zu sehen, schade! Eine Tasse Kaffee, verbunden mit einer kurzen Rast, hätte mir jetzt gut getan.
Immer wieder laufe ich durch Wiesen und an Rapsfeldern vorbei, bis mein Weg an einem großen Parkplatz entlang durch den Segeberger Forst führt. Die Wege sind nun nicht mehr geteert, sondern sandig und lassen sich gut belaufen. Über lange Strecken treffe ich niemanden, ich laufe allein durch den Mischwald. Später, in Brahmloh, geht es weiter Richtung Wahlstedt.
Nachdem ich gut eineinhalb Stunden im Segeberger Forst unterwegs bin, belebt sich mein Weg mehr und mehr: Ausflügler aus dem Hamburger Umland fahren mit dem Auto auf einen nahe gelegenen Parkplatz, sportliche Menschen joggen im Wald und Hundebesitzer führen ihre Hunde aus. Dies alles sind Zeichen dafür, dass belebtes Gebiet näher kommt. Ich bin nun für heute knapp fünf Stunden unterwegs und finde schließlich die erste Rastmöglichkeit: Eine rustikale Holzbank lädt zum Verweilen ein. Ich sitze dort und stärke mich mit meinem mitgebrachten Brötchen und einem Getränk, muss aber relativ schnell wieder aufbrechen, da heute trotz des blauen Himmels ein kühler Wind weht und ich einen nass geschwitzten Rücken habe. Ich möchte keine Erkältung bekommen und muss demnach vorsichtig sein.
Wenig später erreiche ich kurz vor Wahlstedt eine kleine Gaststätte, bei der einige Menschen draußen in der Sonne sitzen. Ich gehe hinein, um mich vor dem kühlen Wind zu schützen. Hier bestelle ich etwas zu trinken und danach noch einmal das gleiche. Ich bin müde, erschöpft und sehr durstig und brauche eine längere Pause. Demnach raste ich hier eine gute Dreiviertelstunde, erhole mich und entspanne. So sehr weit kann es jetzt nicht mehr sein. Ich denke, dass ich noch weitere fünf Kilometer zurückzulegen habe.
Als ich wieder aufbreche, ist die Sonne verschwunden, es scheint, dass sich das Wetter wiederum verändert. Ich laufe durch Wahlstedt an endlosen Straßen mit Industrieanlagen, Wohnblöcken und wenigen Einfamilienhäusern entlang, es gibt keine imposante Landschaft mehr zu sehen. Schließlich erreiche ich Fahrenkrug und habe nach einer weiteren halben Stunde die Aussicht auf die alles überragende St.-Marien-Kirche im Zentrum von Bad Segeberg. Diese Kirche aus dem 12. Jahrhundert gilt als das Wahrzeichen der Stadt, ebenso wie der Kalkberg mit seine Höhlen, bekannt durch die dort jährlich veranstalteten Karl-May-Festspiele. Inzwischen kommen mir auch schon Men-

schen entgegen, die, mit Decken und Kühltaschen bewaffnet, offensichtlich auf dem Wege zu einer Veranstaltung, der Nacht des deutschen Schlagers, zum Kalkberg sind.
Ich jedoch kann nicht mehr, mir stecken für heute meine dreißig gelaufenen Kilometer in den Knochen. Ich sitze also noch einmal in einem kleinen Café, um zu trinken, bevor ich dann die Kraft habe, mein Quartier aufzusuchen. Hier muss ich den Vermieter vorher anrufen, damit dieser dann zu Hause ist, um mir die Tür zu öffnen. Ein freundlicher, sympathischer Mann öffnet mir und zeigt mir mein Zimmer und ich bin überwältigt: Ein riesiger Raum, sehr modern möbliert, und ein hypermodernes Badezimmer stehen mir heute zur Verfügung. Alles ist sehr sauber und gepflegt und für mich zu einem erträglichen Preis zu haben. Ich bin überglücklich über dieses wunderbare Quartier und genieße es, nun Pause zu haben, zu duschen, zu schlafen und mich auszuruhen.
Als ich gegen 18.00 Uhr wieder wach werde, bin ich hungrig wie ein Bär, aber das ist kein Problem, da ich mich in der Stadt befinde. Ich kann demnach unter mehreren dort befindlichen Restaurants wählen, kehre ein und genieße ein wunderbares Essen mit dem Gemüse der Saison, Spargel in allen Variationen. Ich sitze und genieße, bin nicht allein und komme mit einer jungen Frau vom Nachbartisch ins Gespräch. Offensichtlich ist sie auch Gast hier in Bad Segeberg und sie interessiert sich für den Mönchsweg, möchte alles über ihn wissen. Und schon sind wir mitten im Gespräch, unterhalten uns eine ganze Weile miteinander. Schließlich essen wir beide noch einen Nachtisch zusammen, als die junge Frau erzählt, dass sie gerne in den Bergen wandert, aber bisher noch nicht auf die Idee gekommen ist, dieses in ihrem weiteren Umfeld zu versuchen. Ich schwärme ihr von meinen vielen Eindrücken und von wunderbarer Natur im Frühling und von den vielen Rapsfeldern vor und sie ist sichtlich beeindruckt. So gestalten wir den Abend bis fast 21.00 Uhr zusammen, bis ich dann aufbrechen möchte. Ich bin müde und ich brauche Schlaf, ganz viel und ganz lange.
Auf dem Weg zu meiner Unterkunft fühle ich mich gut und merke immer mehr, dass mein Körper fit ist, dass ich keine Schmerzen habe und dass ich nach den Anfangsschwierigkeiten auf diesem Weg wieder belastbarer geworden bin. Demnach sehe ich dem Rest meiner Wegstrecke gelassen und optimistisch entgegen und freue mich wieder auf den kommenden Tag.

7.TAG, 4. MAI: BAD SEGEBERG–TRAPPENKAMP

20 KM

Gut ausgeschlafen mache ich mich am neuen Tag gegen 8.00 Uhr auf den Weg. Ich bin heute noch in der Stadt Bad Segeberg und somit habe ich keine Probleme, ein Frühstück zu bekommen. In der Innenstadt hat ein gemütliches Bäckercafé geöffnet, ich kann also aus dem Vollen schöpfen und habe heute eine schier unglaubliche Auswahl für mein Frühstück. Ich entscheide mich für ein Eibrötchen und einen großen Becher Kaffee und sitze warm und gemütlich in einer fast leeren Bäckerei, bis ich alles vertilgt habe. Beim Blick nach draußen erscheint mir dieser Tag heute nicht gerade freundlich: Es ist erstaunlich dicht bewölkt und ein starker Wind weht, das wird heute kein gemütlicher Tag!

Trotz alledem muss ich weiter, ziehe aber meine Jacke dichter zu, als ich wieder in den kühlen Morgen hinaustrete. Der Weg geht an der Kirche entlang durch die Innenstadt, ist erstaunlich gut ausgeschildert und ich kann die Stadt fast vollständig auf grünen Wegen durchqueren. Nur wenige Menschen lassen sich zu dieser frühen Tageszeit am Sonntag blicken, nur einige wenige führen ihre Hunde aus oder joggen auf den grünen Nebenwegen.

Ich laufe am Ihlsee entlang auf Wanderwegen in Waldnähe, durchquere den kleinen Ort Hamdorf mit seinen gepflegten Einfamilienhäusern und laufe danach Richtung Alt-Erfrade weiter. Wenig später passiere ich die große, alte Gutsanlage Petluis, die heute immer noch bewirtschaftet wird, wobei die Pferdezucht eine große Rolle spielt. Der Ortseingang nach Petluis wird von einer Polizistenattrappe bewacht, die auf die 30km/h Zone hinweist. Ich muss hier durchaus über die Erfindungsgabe der Bewohner dieses kleinen Ortes lachen.

Jetzt geht es auf meist geteerten Wegen durch den Wald. Es gibt Mischwald mit Buchen mit hellgrünen, frühlingshaften Blättern und vielen alten, knorrigen Eichenbäumen in stattlicher Größe. Schließlich überquere ich eine kleine Brücke über die Rothenmühlenau und stehe dann wenig später an einem Schild, welches ausweist, dass hier der „limes saxonaie", der Sachsenwall verlief. Im 9. Jahrhundert hatte Karl der Große an dieser Stelle im Verlauf der Schwentine und der Trave die Grenze zum östlichen Reich der Slawen festgelegt. Jedoch zeigte es sich in der Geschichte, dass diese kleinen Flüsse die Slawen nicht aufhalten konnten, denn diese drangen zweimal sogar bis Ham-

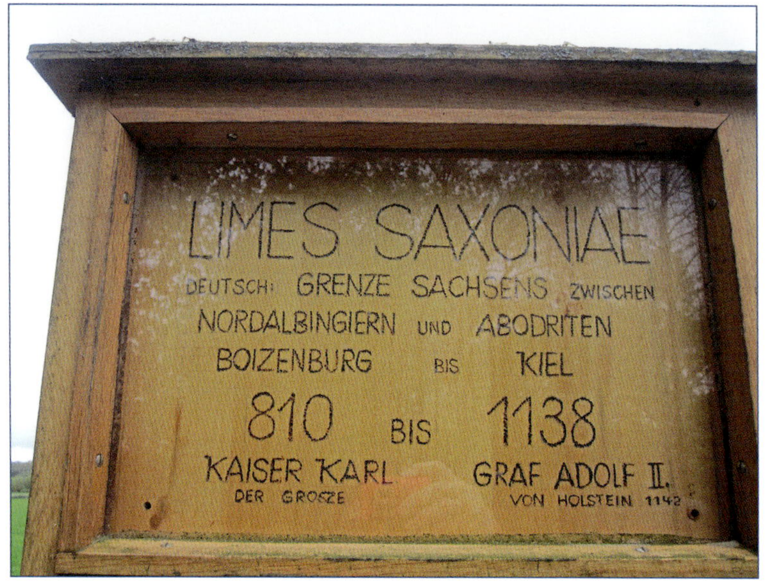

Übersichtstafel zum Sachsenwall

burg vor. Später dann, im 14. Jahrhundert, konnten die Menschen mit Ihren Pferden, die mit Getreide beladenen Kähne die Trave hinunterziehen.

Hier am Waldesrand finde ich merkwürdige Bäume, die wie Zwillinge zusammengewachsen sind. Das sind offenbar eine Laune und ein Wunderwerk der Natur, die ich hier jedoch mehrfach vorfinde. Ab und zu bemerke ich Ginsterbüsche, die wild in schönstem Gelb am Wegesrand blühen, ein frühlingshaft schöner Anblick. Auch stelle ich fest, dass hier im Wald noch immer nicht alle Bäume Blätter haben, die knorrigen alten Eichen lassen sich Zeit. Offensichtlich benötigen diese noch mehr frühlingshafte Wärme, um alle ihre Blätter wieder sprießen zu lassen.

Schließlich durchquere ich Daldorf, wo ich einen kleinen Supermarkt finde, der jedoch heute am Sonntag leider geschlossen ist. Pech gehabt! Wenig später erreicht mich der Lärm von Autos, ich muss fast eine halbe Stunde auf einem Sandweg mit vielen Steinen entlang der Autobahn laufen, was sich als sehr nervend erweist, weil mich der Lärm derartig belästigt.

Hier treffe ich auf eine ältere Frau, die mir auf ihrem Fahrrad entgegenkommt. Als sie mich sieht, steigt sie jedoch ab und verwickelt mich

in ein Kreuzverhör, so kommt es mir jedenfalls vor. „Woher kommen Sie? Wo wollen Sie hin? Was machen Sie hier mit dem Rucksack?“ Es hat den Anschein, dass Wanderer hier so ein ungewohnter Anblick sind, dass sich diese Frau kaum wieder beruhigen kann, so erstaunt ist sie. Seltsam, seltsam, das ist wohl die Meinung dieser Passantin. Und vom Mönchsweg hat sie auch noch nichts gehört, obwohl sie offensichtlich hier ganz in der Nähe wohnt. Mir erscheint das Ganze nun doch sehr merkwürdig, aber ich versuche, freundlich Auskunft zu geben und über meine Ziele auf dem Mönchsweg zu berichten.
Und schließlich muss ich die Autobahn auf einer Brücke überqueren und laufe dann direkt zum Eingang des Erlebniswaldes Trappenkamp, der Walderlebnispfade für Interessierte vorweisen kann. Und schließlich dauert es noch eine gute halbe Stunde, bis ich den Ortseingang von Trappenkamp nach vierstündiger Wanderung gegen 13.00 Uhr erreiche. In einer Sportlergaststätte am Sportplatz direkt beim Ortseingang mache ich Pause, um mich auszuruhen und ein wenig zu verpflegen. Ich dehne diese Pause auf eine gute Stunde aus, denn heute bei der kürzeren Strecke habe ich mein Ziel schneller als erwartet erreicht. Offensichtlich bin ich inzwischen besser trainiert als am Anfang meiner Pilgerwanderung. Ich freue mich, dass ich bei meiner Pause drinnen sitzen kann, denn der kalte Wind draußen hätte meinem nass geschwitzten Rücken sicherlich sehr zugesetzt. Und eine Erkältung kann ich auf meinem Wege nun wirklich nicht gebrauchen.
Der freundliche Wirt in der Gaststätte erklärt mir den Weg zu meinem Quartier und somit kann ich zielsicher wieder aufbrechen. Nach weiteren zehn Minuten erreiche ich die Straße, in der sich meine Unterkunft befindet. Jedoch sind die Hausnummern völlig chaotisch durcheinander gewürfelt, so dass ich fast eine Viertelstunde herumirre, aber die passende Hausnummer nicht finden kann. Schließlich kommt ein freundlicher Herr auf mich zu und rettet mich: Offensichtlich hat mein Vermieter mich herumlaufen sehen. Ich werde freundlich begrüßt und schon zeigt mir mein Vermieter die kleine Ferienwohnung, die einen wunderbar gepflegten und gemütlichen Eindruck macht. Und schon kann ich dann richtig Pause machen. Nach dem Duschen schlafe ich für gut zwei Stunden tief und fest, und merke doch, dass ich nach den Anstrengungen der letzten Tage mehr Pausen benötige. Wäsche waschen ist heute nicht mehr möglich, bei diesem kühlen Wetter würde diese sicherlich nicht mehr trocken werden.

Heute zeigte es sich wieder – wie bereits so manches Mal an anderen Tagen – dass ich gut vier Stunden laufen musste, ohne eine Rast- oder Sitzmöglichkeit zu haben. Kurz hinter Bad Segeberg befand sich zwar eine Holzbank, aber diese war direkt am Anfang meines Weges zu finden, so dass ich zu diesem Zeitpunkt noch keine Pause benötigte. Das führt dann leicht zu einer Überbelastung der Beine und der Knie und macht mir durchaus manchmal Probleme. Auch war es heute relativ kalt, aber ich hatte keinerlei Möglichkeit, unterwegs irgendwie ein warmes Getränk zu mir zu nehmen. Die Wege, auf denen ich unterwegs war, waren heute meist geteert, aber hin und wieder gab es im Wald auch Sandwege, die für Wanderer angenehmer zu belaufen sind. Jedoch war die Ausschilderung heute nicht immer klar, manchmal war sie nur mit Fantasie und mit Hilfe meiner Karte zu erkennen.
Beim Wachwerden am Nachmittag habe ich Hunger und mache mich auf den Weg, um etwas zu essen zu finden. Einige Straßenecken weiter sehe ich viele Mietblocks, laufe am Marktplatz vorbei, auf dem ein Maibaum errichtet wurde. Und es gibt auch Hochhäuser, die mir diesen kleinen Ort unsympathisch erscheinen lassen. Schließlich stehe ich vor einer Ladenzeile, in der es einen Bäcker, eine Spielhalle, einen Frisör, eine Eisdiele und ein Restaurant gibt. Zum Eis Essen ist es mir heute viel zu kalt und so entschließe ich mich, mich im Restaurant aufzuwärmen und zu versorgen.
Hier kann ich halbwegs gemütlich sitzen, essen und trinken und schließlich kommen zwei Radpilgerinnen durch die Tür herein. Ich habe Glück und diese beiden Frauen setzen sich in die Nähe meines Tisches und wenig später höre ich, dass sie beide über den Mönchsweg sprechen. Ich schalte mich vorsichtig in das Gespräch ein und schon habe ich Gesellschaft. Beide Frauen kommen aus Hamburg und wollen eine Woche aktiven Urlaub machen und radeln auf dem Mönchsweg entlang. Wir tauschen unsere Erfahrungen aus, sprechen über die Beweggründe für das Radeln bzw. Wandern auf dieser Strecke. Abschalten in der Natur und viele neue Eindrücke sammeln, das wollen diese beiden Frauen genauso wie ich auch. Und dazu kommt, dass eine aktive Reise gut ist für den Körper und die Seele. Der Weg entlang der Kirchen und Klöster ermöglicht eine spirituelle Denkweise und ein Verstehen der kulturellen und christlichen Entwicklung in unserem Land. Jedoch haben diese beiden Frauen als Radfahrerinnen weniger Probleme mit den einsamen Wegen als ich, denn sie können sich aufgrund des höheren Tempos beim Unterwegssein besser verpflegen

und finden leichter eine Rastmöglichkeit. Jedoch, ich möchte nicht tauschen, ich liebe die Stille der Natur beim Wandern, wenn es nicht so wie heute an der Autobahn entlang geht.
Wir verbringen einige Zeit zusammen und erfreuen uns gegenseitig mit interessanten Gesprächen, leisten uns beim Essen Gesellschaft. Und schließlich ist es 20.30 Uhr, die Zeit ist in Gesellschaft schnell vergangen. Ich bin müde, verabschiede mich freundlich von den beiden Damen und mache mich auf den Weg zu meinem Quartier. Es wird allmählich dunkel und ich möchte vor der völligen Dunkelheit mein Zimmer erreichen.
Als ich wenig später im Bett liege, denke ich nochmals über das interessante Gespräch mit meinen neuen Bekannten nach. Offensichtlich bewegt unsere heutige hektische Lebensweise, bei der die Menschen vielfach stundenlang vor den PCs sitzen und nach Feierabend noch tausend Kleinigkeiten zu erledigen haben, die Menschen dazu, im Urlaub etwas völlig anderes zu tun. Sie wollen ausspannen, ihre Ruhe haben und suchen in der Natur nach einem Ausgleich für die vollgepfropften Tage der Arbeit. Auch fiel mir auf, wie sehr diese beiden Frauen strahlten, als sie von ihren bisherigen Erlebnissen erzählten. Und ich habe es sehr genossen, dass ich mich heute mal wieder mitteilen konnte, dass die von mir selbst gewählte Einsamkeit unterbrochen wurde. Zufrieden kann ich dann einschlafen.

8. TAG, 5.MAI: TRAPPENKAMP–BOSAU

25 KM

Heute Morgen gibt es Frühstück im Bäckerladen des Ortes, ich genieße es, einen Kaffee zu trinken, bevor ich loslaufe. Voll ist es hier, viele Berufstätige frühstücken offensichtlich nicht mehr zu Hause, sondern gehen den bequemen Weg und lassen sich bedienen.
Beim Verlassen des Ortes passiere ich ein Standbild zum Mönchsweg: Sehr schön ist hier aus Metall ein Mönch mit seinem Stab abgebildet, wobei zusätzlich das Symbol des Mönchsweges - die geöffnete Kirchentür - zu sehen ist.
Heute laufe ich vielfach wieder auf den Wegen in der Natur, passiere wenige Straßen. Nach kurzer Zeit erreiche ich Bornhöved, wo ich die hohen Türme der St.-Jacobi-Kirche bewundere. Wenig später durchquere ich viele feuchte Wiesen, ich befinde mich im Schwentinequellgebiet. Ich laufe am Bornhöveder See an Fischzuchtbecken vorbei, habe einen schönen Blick über den See, der jedoch bei diesem bedeckten Himmel heute nicht so fotogen ist. Weiter geht es Richtung Schmalensee auf Nebenwegen, immer wieder mit dem Blick auf die Rapsfelder und auf die Vorgärten der kleinen Siedlungen.
Nach einer weiteren Stunde erreiche ich den Hof Stocksee, der schon von weitem durch seine blühenden Obstbäume besticht. Auch heute ist die Hoffnung auf eine Pause im Sitzen und in der Wärme vergebens: Das Café im Stockseehof ist geschlossen. Als ich dann wenig später den Ort Stocksee erreiche, ist auch dort die alte Gaststätte geschlossen, steht offensichtlich bereits seit langem leer. Hier in diesen kleinen Orten lohnt es sich offensichtlich nicht mehr, Gaststätten oder Cafés zu betreiben. So sitze ich in der Bushaltestelle, um mich vor dem heute wieder kalten Wind zu schützen und um mich ein wenig auszuruhen.

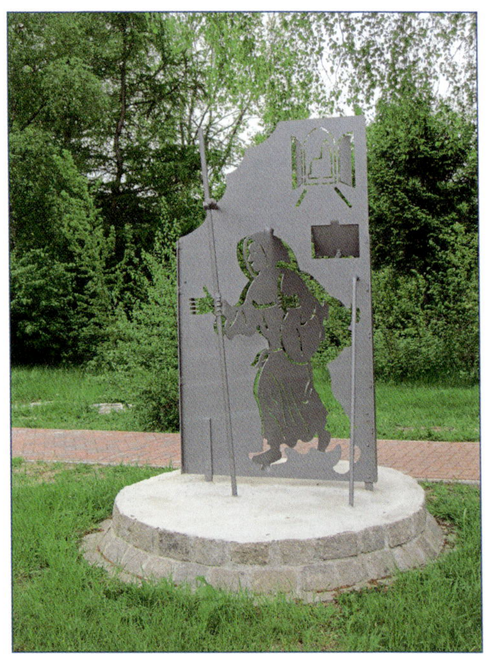

Pilgerstandbild am Ortsausgang Trappenkamp

Später laufe ich am Stocksee entlang, habe immer wieder schöne und beeindruckende Ausblicke auf das Wasser. Heute durchquere ich kaum Waldgebiete, habe nur am Nehmtener Forst einen kurzen Blick auf dieses Waldstück. Dieses Laufen in der Natur heute beschert mir Entspannung, es sind fast keine Menschen auf dem Weg zu finden. So bin ich allein mit meinen Gedanken, mit meinen Träumen und Ideen zu diesem Tage.

Ich laufe weiter, die Stunden quälen sich dahin und ich kann auch heute keine richtige Pause machen und mich nirgendwo stärken, laufe gut vier Stunden am Stück, bis ich Bredenbek passiere und schließlich – endlich – in Stadtbek für ein Getränk und eine Kleinigkeit zu essen einkehren kann. Ich fühle mich heute müde und erschöpft, das kühle, ungemütliche Wetter macht mir zu schaffen. Und ich habe mehr Hunger als sonst, es hat den Anschein, dass der Körper anfängt, sich an die körperlichen Strapazen zu gewöhnen und nach mehr Nahrung verlangt.

Nun bin ich am Großen Plöner See angekommen, der riesig erscheint. Ich laufe für lange Zeit an der Ufernähe entlang, bis ich schließlich nach weiteren eineinhalb Stunden Bosau erreiche. Dieser mehr als 850 Jahre alte Ort ist derartig lang gestreckt, dass ich hinter dem Ortsschild noch mindestens zwei bis drei Kilometer bis zu meinem Quartier bewältigen muss. Endlich, angekommen, checke ich ein und will mich als erstes mit einem Getränk versorgen. Ich sitze im Warmen in der Gaststube und erhole mich, lasse mir Zeit, um meinen nach der langen Wanderung sehr großen Durst zu löschen. Auch hier in der Gaststube bin ich fast alleine, offensichtlich ist der Mai noch nicht der Reisemonat in der Holsteinischen Schweiz, in der ich jetzt unterwegs sein werde.

Der Begriff der Holsteinischen Schweiz geht auf einen Ausspruch von vor ca. zweihundert Jahren zurück: Es wurde die blau schillernde Seenlandschaft in dieser Region mit ihren grünen Wiesen und den gepflegten Dörfern mit der Landschaft in der Schweiz verglichen. Keinesfalls ging es dabei um die Höhe der Berge, denn obwohl die Landschaft der Holsteinischen Schweiz hügelig ist, misst der höchste Berg der Region, der Bungsberg, gerade einmal 168 Meter. Und es gab früher eine Bahnstation mit dem Namen Holsteinische Schweiz. Diese Bahnstation gibt es heute nicht mehr, aber der Name für diese Region hat sich erhalten.

Wenig später kann ich mein Zimmer beziehen, ich genieße ein gemütliches, gut eingerichtetes Ambiente und mache erst einmal Pause, dusche und liege auf meinem Bett, um mich auszuruhen. Als dann jedoch am Nachmittag auf einmal die Sonne unverhofft hervorlugt, gibt es kein Halten mehr: Ich möchte mir diesen kleinen beschaulichen Ort am Großen Plöner See ansehen. Ganz in der Nähe meines Hotels gibt es eine Badestelle am See, ich kann sogar quer über den See im Dunst verschwommen das weiße Plöner Schloss auftauchen sehen. Und ich bewundere einen Mönch aus Holz, der als große Statue ganz in der Nähe der Kirche aufgestellt wurde. Diese Statue ist so lebensecht, dass ich sie lange betrachte und sie mir sehr gefällt. Ein schöner Bezug zum Mönchsweg, man merkt hier doch, dass sich die Menschen in der Gemeinde Gedanken über die Sinnhaftigkeit dieses Weges gemacht haben.

Der Ort an sich hat nicht so viel zu bieten, eine Kirche für Sommerkonzerte, die zurzeit renoviert wird und einige Kunstgewerbeläden. Jedoch hat diese St.-Petri-Kirche einen großen Bekanntheitsgrad, da der Bischof Vicelin diese um 1151 dort bauen ließ. Schließlich finde ich in einem der zahlreichen Cafés einen freien Platz und sitze draußen unter der Heizung, genieße die blühenden Frühlingsblumen in der Anlage und lasse mich mit Kaffee und Kuchen verwöhnen. Ich entspanne und mache Pause, genieße die freie Zeit und so vergehen

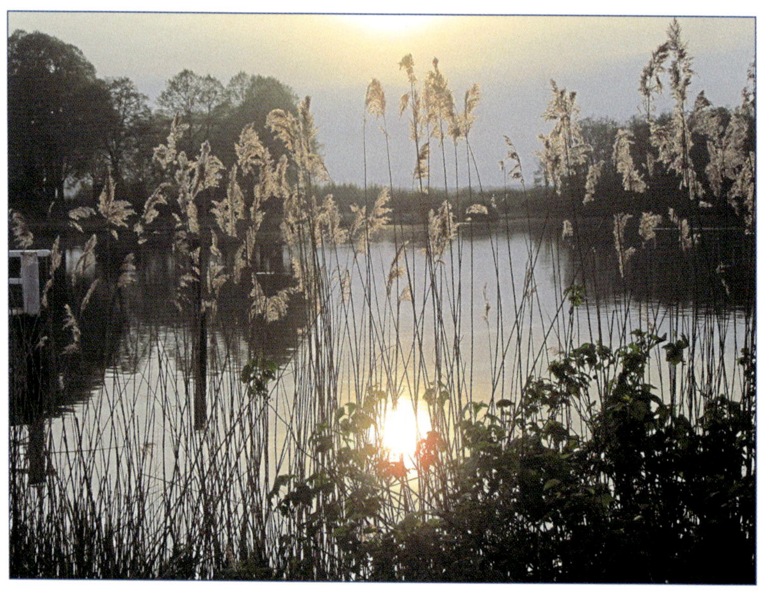

Sonnenuntergang am Plöner See in Bosau

die Stunden ganz schnell, bis ich wegen der Kühle des Abends zurück zum Hotel laufe.
Als ich wiederum an der Badestelle vorbeikomme, kann ich einen fantastischen Sonnenuntergang bewundern, der den Plöner See schillern lässt, der den Schilfgürtel und auch den kleinen Bootshafen in ein surreales Licht taucht. Schön – ich genieße dieses unverhoffte Geschenk und kann mich von dem so besonderen Anblick kaum wieder trennen.
Um dem wieder kühler werdenden Wind auszuweichen, gehe ich nun zurück in mein Hotel, wo ich sehr genussvoll und entspannt zu Abend essen kann. Hier dauert es nicht lange, bis ich Gesellschaft von anderen Gästen bekomme. Zwar sind das keine Wanderer, aber diese sind als Urlauber auch sehr gesprächig, so dass ich meinen Abend in Gesellschaft verbringen kann, wofür ich dankbar bin.
Gegen 21.00 Uhr jedoch bin ich so müde, dass ich mich kaum noch auf den Beinen halten kann, ich sehne mich nach meinem Bett. Als ich die Treppe zu meinem Zimmer hinaufgehe, denke ich an diesen wunderbaren Tag, der mir so viel schöne Landschaft gezeigt hat. Ich bin glücklich und zufrieden, habe das Gefühl, dass mein Kopf so allmählich leer wird und dass ich entspannt und ohne Probleme hier meine Tage gestalten kann. Ich bin dankbar, dass ich bisher meine Tagesetappen nach Plan bewältigen konnte, dass ich keinerlei Schmerzen habe und meine Füße und Beine die langen Strecken ohne Rastmöglichkeit ganz gut verkraften. Und meine Seele hat Flügel bekommen, erholt sich in einem scheinbar luftleeren Raum von den Anstrengungen des Alltags. Trotz der mindestens 25 gelaufenen Kilometer geht es mir ausgesprochen gut!

9. TAG, 6. MAI: BOSAU-BAD MALENTE

20 KM

Heute ist wieder ein schöner Tag, die Sonne lugt zaghaft hervor. Ich genieße ein wunderbares Frühstück in meiner Unterkunft und mache mich dann gegen 9.00 Uhr auf den Weg. Ich habe mich entschieden, meinen Weg heute über Waldshagen, Börnsdorf, Pfingstberg Richtung Kleinmeinsdorf einzuschlagen. Zwar verlasse ich damit ein wenig die Route des Mönchsweges, aber ich möchte für heute meinen Weg etwas abkürzen. Gestern hatte ich noch gehofft, dass ich das Schiff von Bosau bis zur Prinzeninsel oder zur Stadtbucht über den Großen Plöner See nehmen könnte, jedoch fährt dieses laut Hinweisschild nur in der Zeit vom 11.5.–14.9., so dass ich nach anderen Möglichkeiten suchen muss.

Eigentlich würde mich also der Weg nach Plön führen, welches in einer traumhaft schönen Umgebung liegt, umgeben von ca. zwanzig verschiedenen Seen. Das große, weiße Schloss thront hoch oberhalb von Plön, wurde im 17. Jahrhundert errichtet und hat heute nach seiner kaiserlichen und später politischen Vergangenheit ein profanes Einsatzgebiet: Nach umfangreichen Erhaltungs- und Renovierungsarbeiten dient es als Ausbildungsstätte für Optiker und kann auch besichtigt werden.

Weiterhin überragt die Nikolaikirche auf dem Marktplatz in Plön die Fußgängerzone mit den vielen kleinen Geschäften, Cafés und Restaurants. Eine angenehme, kleinstädtische Atmosphäre, die mir jedoch bekannt ist, da ich in der Nähe wohne.

Ich folge also heute nicht dem Mönchswegsymbol, sondern halte mich auf den ausgeschilderten Nebenwegen zwischen Feldern und Wiesen zwischen Kreuzfeld und Bad Malente auf. Hier ist ein einsames Laufen in wunderbarer Natur in Stille möglich. Kaum besiedelt, zeigt sich dieser Etappenabschnitt einsam, ermöglicht mir zuerst Ausblicke über den Plöner See auf das Plöner Schloss, das im Dunst auftaucht.

Später dann erfreuen mich Rapsfelder, immer wieder, die ihren betörenden Duft auf mich einströmen lassen. Die Bienen summen in ihnen und die Erde erscheint voller Leben, das diese Natur einfach hervorbringt. Wenig später entdecke ich ein Tulpenfeld. Hier kann man Blumen selbst pflücken und diese Farbenpracht verführt sehr dazu, es zu tun.

Als ich dann nach gut vierstündiger Wanderung kurz vor dem Ortseingang eine Bank als Rastplatz antreffe, erfordert es schon Standhaftigkeit, sich dort nicht niederzulassen. Aber es weht inzwischen wieder ein kalter Wind und ich fürchte mich davor, mich zu erkälten, wenn ich meinen vom Rucksack und den von der Anstrengung des Laufens nass geschwitzten Rücken dem Wind aussetze. Ich quäle mich also weiter und erreiche wenig später den Ortseingang von Malente und laufe dort an der Diekseepromenade entlang. In einem der Vorgärten sitzen Oma und Opa auf der Bank, sind in niedlicher Ausführung aus Holzfiguren hergestellt und bemalt. Und ich passiere die Boote der Schifffahrtslinie der 5-Seen-Fahrt, die in einer Rundfahrt von zwölf Kilometern Länge den Dieksee, den Langensee, den Behlersee, den Höftsee und den Edebergsee der Reihe nach durchquert.

Als ich wenig später das Bootshaus antreffe, bin ich froh, dass ich dort für ein Getränk rasten kann. Und beim Blick aus dem Fenster auf den

Blick über die Wiesen zum Plöner See mit dem Plöner Schloss

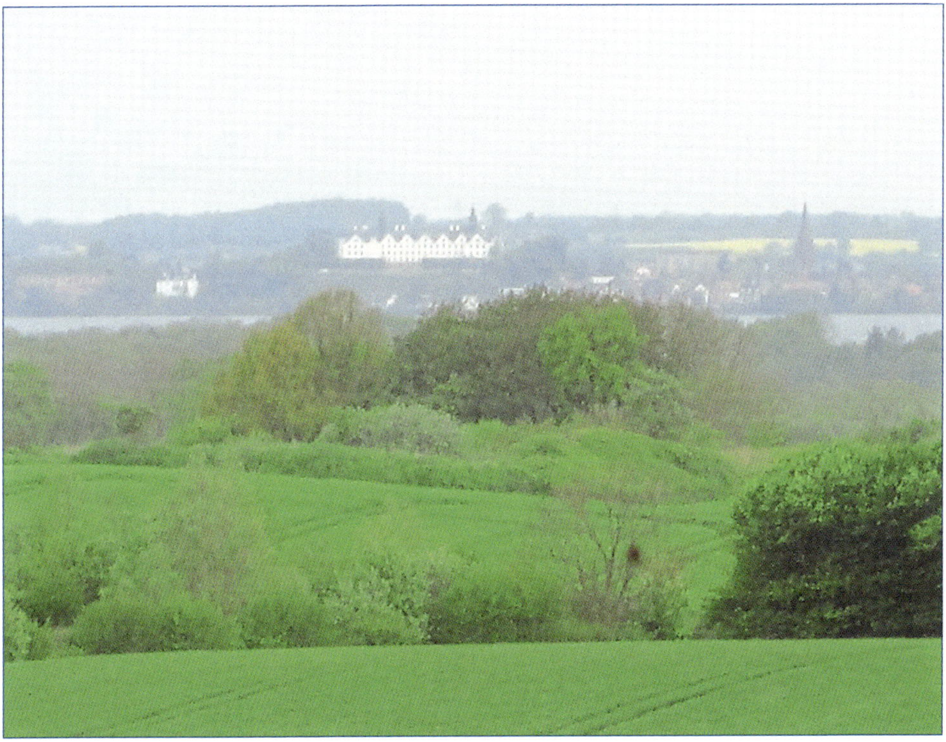

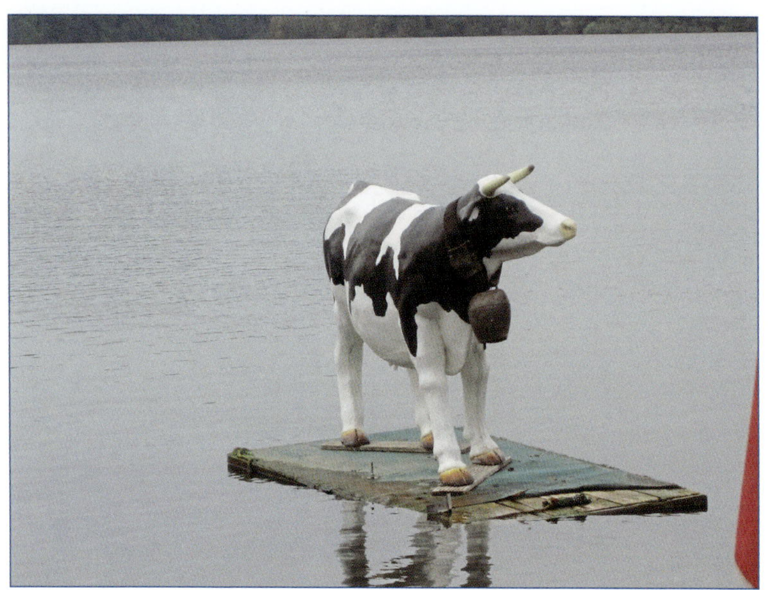

Die „schwimmende Kuh“ beim Bootshaus in Bad Malente am Dieksee

Dieksee entdecke ich eine schwimmende Kuh, die als nachgemachtes Wahrzeichen zu diesem Lokal gehört. Ein Anblick, der mich durchaus zum Schmunzeln bringt.

Nach einer Rast von einer guten Stunde habe ich wiederum Kraft, meinen Weg zu meinem Quartier durch den Ort hin anzutreten. Ich wähle den Weg durch den alten seit 1966 bestehenden Kurpark, der eine Vielzahl von verschiedenen Bäumen und Pflanzen aufweist und auch gerade jetzt zur Frühlingszeit vielfach in voller Blüte steht.

Weiter laufe ich dann Richtung Lütjenburg, wo ich an der alten Maria Magdalenen Kirche aus dem 13. Jahrhundert vorbeikomme. Diese Kirche besteht außen noch teilweise aus Feldsteinen, ist schlicht gehalten, weist jedoch innen diverse wunderbare Schnitzarbeiten auf.

Und wenig später befinde ich mich bei meinem Quartier, werde bereits erwartet und kann mich in meinem Zimmer entspannt einrichten und Pause machen. Wenn ich an den Verlauf des heutigen Tages denke, fällt mir folgendes auf: Auch heute bin ich immer wieder auf schmalen, geteerten, landwirtschaftlichen Wegen gelaufen, die von Feldern und vielen Knicks gesäumt waren. Und immer wieder gibt es das Leuchten der Rapsfelder, die in einem Lied zu einer Rhapsodie werden, so sehr betörend ist ihr Anblick und auch ihr Duft. Diese

Rapsfelder verführen mich zu immer wieder neuen Fotos, zu Aufnahmen in allen möglichen Perspektiven, sie machen nach den langen Wintermonaten süchtig nach Farbe.

Für mich ist es ein merkwürdiges Gefühl, als pilgernder Wanderer in meiner Heimat unterwegs zu sein, sehe ich diese doch auf einmal in einem völlig anderen Licht: Ich habe die Straßen als Autofahrer verlassen und begebe mich in die Natur, erforsche die Schönheiten der Landschaft im Zeitlupentempo, wie es nur beim Laufen so richtig möglich ist. Und ich genieße die Entschleunigung, bei der sich in meinem Kopf viele der landschaftlich reizvollen Bilder geradezu festbrennen.

Außerdem verstehe ich auf einmal beim Erforschen meiner eigenen Heimat, dass sich diese Gegenden in Deutschland gar nicht so sehr von den Jakobswegen in Spanien, Portugal oder Frankreich unterscheiden, denn auch dort habe ich erlebt, dass die Infrastruktur in den Dörfern nahezu verloren gegangen ist. Und auch hier in Schleswig-Holstein fehlen vielfach die Busanbindungen, sind Cafés und Gaststätten geschlossen worden, weil sie nicht mehr ausreichend frequentiert wurden.

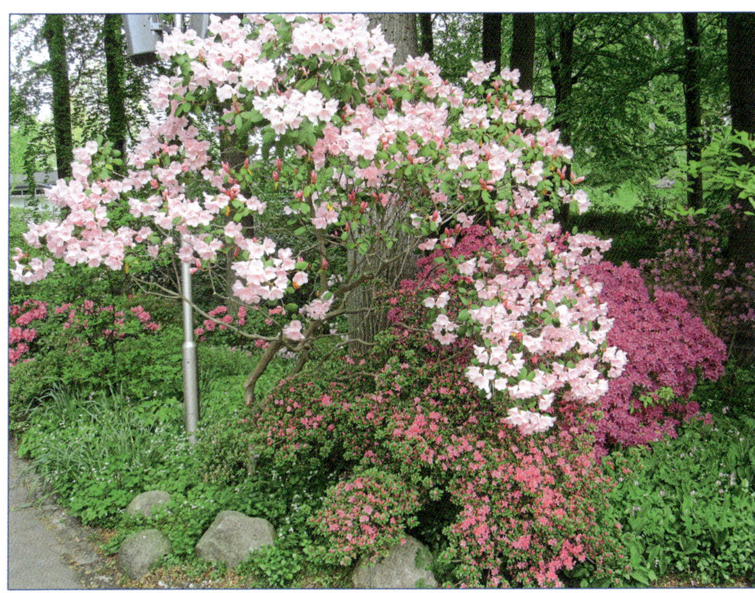

Blühende Rhododendren im Kurpark von Bad Malente

Pilger sind hier im Gegensatz zu anderen europäischen Ländern nicht üblich und werden von den Einheimischen mit Skepsis betrachtet. Ich fühle mich merkwürdig als „Fremde“ im eigenen Land und kann jetzt besser verstehen, wie sich andere Menschen aus anderen Ländern bei uns fühlen. Ich würde mir wünschen, dass es auch in Deutschland wieder mehr Gastfreundschaft gäbe, offensichtlich ist diese einer kritischen Skepsis allem Neuen gegenüber gewichen.
Und ich merke es heute: Ich habe erste Druckstellen an den Füßen. Zum Glück sind es noch keine Blasen, aber ich bemerke, dass mein Körper auf die vermehrte Belastung reagiert und sich nun heute über eine lange Pause freut. Auch solche Pausentage mit einer geringeren Kilometeranzahl sind vonnöten, will man das gesteckte Ziel erreichen.

10. TAG, 7. MAI: BAD MALENTE-NEUSTADT

45 KM
DAVON CA. 15 KM SCHIFFSFAHRT

Heute gibt es mindestens zwei, eher drei Wegvorschläge und Möglichkeiten, um nach Eutin zu kommen: Ich kann auf der linken Seite am Kellersee entlang über Neversfelde, Sieversdorf, Neukirchen, Söhren und Benz bis nach Sielbeck laufen, um dann Richtung Eutin weiter direkt am See meine Wanderung fortzusetzen. Hier verläuft der eigentliche, ausgeschilderte Mönchsweg. Auf diesem Weg wäre besonders die Kirche in Neukirchen interessant, denn die St.-Johannis-Kirche aus dem 12. Jahrhundert, aus Feldsteinen im romanischen Stil erbaut, ist durch ihren auffälligen, runden Turm, der früher einmal ein Wehrturm war, interessant.

Die zweite, ausgeschilderte Variante gibt es in der Möglichkeit, den Kellersee auf der rechten Seite zu umrunden, wobei dieses die kürzere Variante wäre. Sie führt kurz nach dem Ortsende am Gut Rothensande, welches durch die Immenhoffilme vielen Generationen bekannt ist, vorbei. Wenig später passiert man Beutzkamp, um dann später, durch den Wald laufend, über Fissau nach Eutin zu gelangen.

Ich jedoch wähle noch eine weitere Variante, um Zeit zu sparen und meine Wegstrecke zu verkürzen, denn ich habe nicht vor, heute 45 Kilometer zu laufen. Auch bin ich mir bewusst, dass ich aus Zeitgründen nicht alle Sehenswürdigkeiten am Weg sehen und bewundern kann, ich muss also eine Auswahl treffen.

Demnach beginnt mein Weg heute Morgen ganz bequem, denn ich fahre um 10.00 Uhr mit dem Schiff der Kellerseefahrt am Anleger der Janusallee in Bad Malente los. Diesen Anleger kann ich von meinem Quartier aus innerhalb von einer Viertelstunde, am Kellersee entlang laufend, erreichen. Vom Schiff aus habe ich einen herrlichen Blick über den Kellersee, den ich vollständig durchquere, um nach einer halben Stunde etwa am Fissauer Fährhaus auszusteigen. Damit erreiche ich den Randbereich Eutins, benutze den Wanderweg an der Schwentine entlang, der wild romantisch von großen Bäumen und Büschen gesäumt wird. Auf diesem Weg nun stehe ich auf einmal vor einem Hinweisschild, das mir mitteilt, dass ich mich auf den Europäischen Fernwanderwegen Nr.1 von Flensburg nach Florenz und Nr.6 von Kopenhagen nach Rijeka-Adria befinde. Der erste misst 2800 Kilometer und der zweite auch. Mir wird klar, dass die Welt noch viele reizvolle Wanderziele aufweist und ich komme schnell in dieser Richtung ins Träumen.

Wenig später entdecke ich eine Entenfamilie, die mit ihren acht kleinen Enten auf dem Wasser der Schwentine unterwegs ist. Dieser Anblick ist zu niedlich, ich genieße ihn – es ist eben Frühling. Nach einer weiteren Dreiviertelstunde dringe ich bis zum Großen Eutiner See vor. Ich befinde mich nun bereits im Zentrum Eutins, am Rosengarten. Auch hier fährt ein Schiff, das mich in einer knappen halben Stunde Fahrzeit bis zum Redderkrug bringt. Und ich habe Glück, denn das Schiff legt um 12.15 Uhr ab, so dass ich keine lange Wartezeit habe. Mit dieser Maßnahme kann ich nun für einen kleinen Obolus durch die beiden Schiffsfahrten meinen Wanderweg von 45 Kilometern auf knappe 30 Kilometer verkürzen. Auf dem Schiff gibt es dann durchaus noch die Möglichkeit, einen Kaffee zu trinken, so dass ich diese Pause als perfekt empfinde. Auch kann ich die brilliante Aussicht über den Großen Eutiner See mit der Fasaneninsel und den Blick auf die Badeanstalt genießen.

Durch meine Schifffahrt habe ich nun Eutin verpasst, schade, denn als Kreisstadt und Rosenstadt kann Eutin mit einem wunderbar alten Schloss aus dem 12. Jahrhundert mit dazugehörigem Schlossgarten aufwarten, wobei in diesem auf einer Freilichtbühne jährlich Konzerte und Opernaufführungen abgehalten werden. Eutin ist als Geburtsstadt von Carl-Maria-von-Weber mit der Musik eng verbunden. Auch gibt es hier in Eutin eine riesige Kirche, die Michaelis-Kirche, nahe dem Marktplatz. Diese Kirche zählt mit zu den ältesten Kirchen in dieser Region und stammt aus dem 13. Jahrhundert. Der Name der Kirche ist mit der Christianisierung der Gegend eng verwoben, denn der kämpferische Erzengel Michael soll die Christianisierung gegen den nahe gelegenen slawischen Raum unterstützt haben. Jedoch alle diese Besonderheiten kann ich mir nicht ansehen, da auch ich einen vorgegebenen zeitlichen Rahmen habe, um meinen Weg auf dem Mönchsweg zu laufen.

Meine Schiffsfahrt endet am Redderkrug, von wo aus ich nur kurze Zeit an der Straße entlang laufen muss, bis ich dann nach einer Straßenüberquerung wieder auf den Feldwegbereich zurückkomme. Ich laufe heute wieder bei schönstem, sonnigen Wetter durch Felder und Wiesen nach Griebel, Zarnekau, Vinzier, bis ich schließlich zum Gömnitzer Berg komme, einer kleinen Erhebung, von wo aus ein fantastischer Blick über die weite Landschaft möglich ist. Ich sehe gelb, rund herum Rapsfelder in einer unglaublichen Fülle. Die Landschaft ist zum Malen schön und ich genieße diese besonderen Momente.

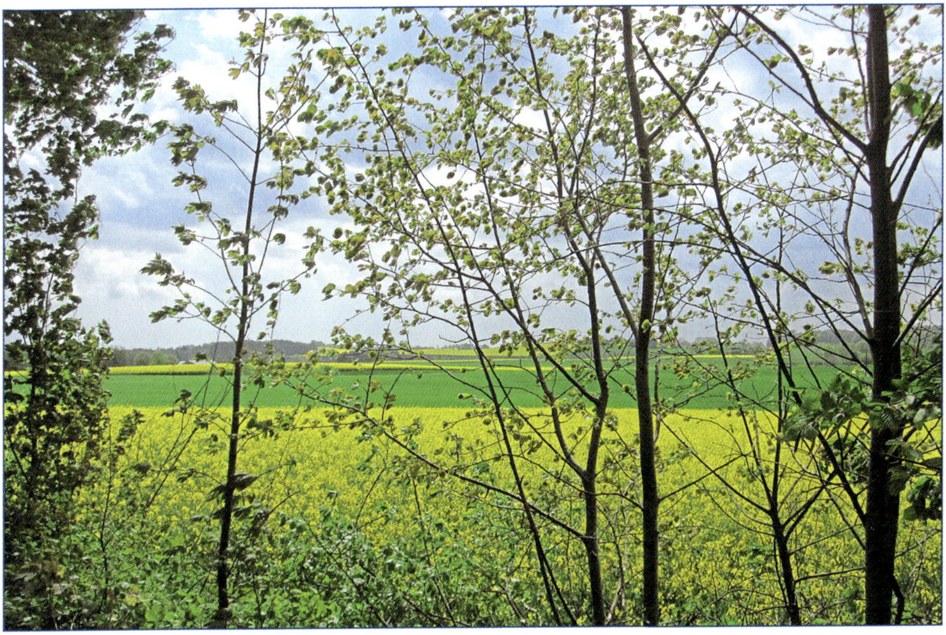

Frühlingsgrüner Blick über die Rapsfelder am Gömnitzer Berg

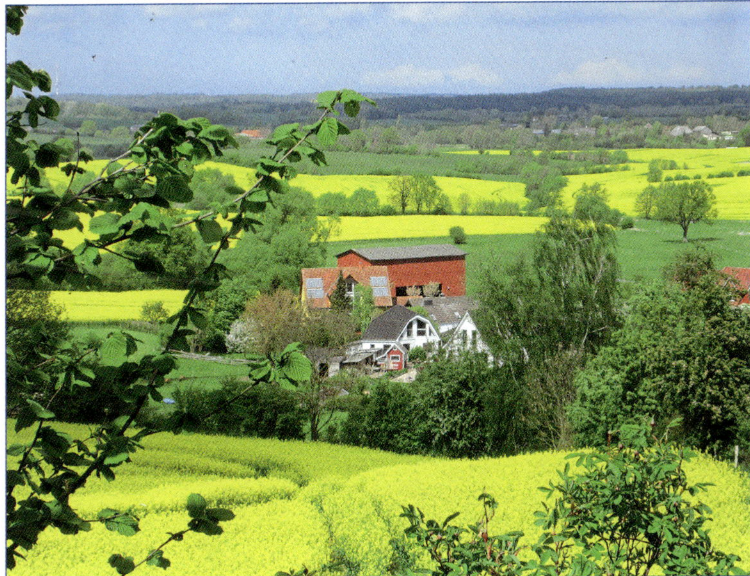

Weitsicht über die Rapsfelder kurz vor Neustadt

Diese Landschaft mit Rapsfeldern im Weitblick lädt in ihrer Schönheit den Menschen zum Träumen ein, immer wieder ergeben sich Postkartenmotive von unglaublicher Perfektion. Ich genieße diese lebensnahen Fotomotive sehr. Aber trotz allem fühle ich mich nach dieser langen Wegstrecke durchaus strapaziert und geschafft, auch wenn ich heute den ersten Teil der Strecke leichtfüßig und voller Kraft bewältigen konnte. Auch das Wetter meint es gut mit mir: Es war heute Morgen zwar wechselhaft mit einem leichten Regen, aber jetzt scheint wieder die Sonne, der leichte, kühle Wind hat die Wolken vielfach weggetrieben.

Und schließlich erreiche ich mein heutiges Ziel, Neustadt. Jedoch erscheint mir der Weg in die Stadt hinein endlos, ich habe einfach keine Lust mehr und so entscheide ich, mir ein Taxi zu leisten, welches gerade an der Straße zu finden ist. Für kleine fünf Euro werde ich erlöst, denn das Taxi bringt mich in zehn Minuten zu meiner Unterkunft in der Innenstadt. Ich bin froh, dass ich Pause machen kann, checke ein und darf den Rest des Tages faul sein.

Den Nachmittag verbringe ich im Café, genieße dort die Wärme und stärke mich beim Kaffeetrinken. Die Fußgängerzone lädt zu einem kleinen Bummel ein und ich bewundere das alte Kremper Tor, das letzte von ehemals vier Stadttoren aus dem 13. Jahrhundert, das noch erhalten ist.

Auch Neustadt hat eine alte, große Kirche aus dem 13. Jahrhundert, die Stadtkirche, die sicherlich sehenswert ist.

Ich bin jedoch heute müde und habe keine Kraft mehr für Besichtigungen, so dass ich nicht mehr zum Hafen hinuntergehe, aber auch hier gilt, man kann nicht alles haben, ich muss mir meine Kräfte einteilen.

Als es dann am Abend anfängt zu regnen, macht mir das nichts aus: Ich sitze warm und trocken im Restaurant meiner Unterkunft und genieße in Ruhe mein Essen und lasse den heutigen Tag in mei-

Das Kremper Tor in Neustadt

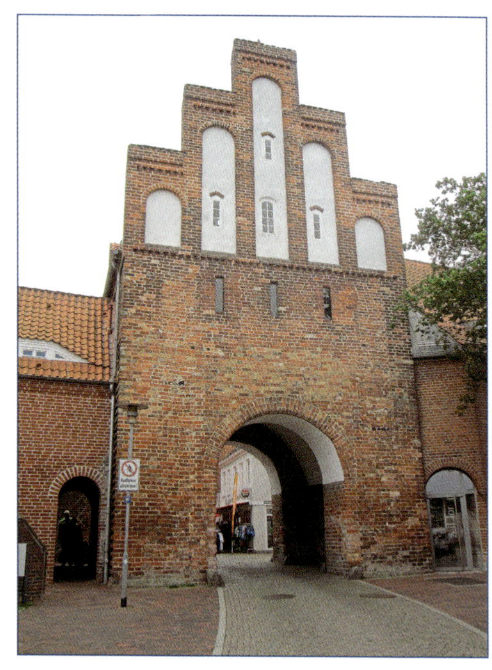

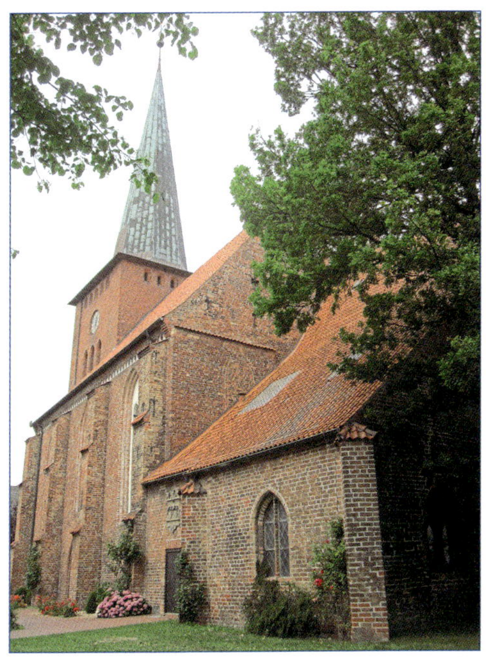

Die Stadtkirche von Neustadt

nen Gedanken noch einmal vorüberziehen: Ich hatte heute einen besonders schönen Tag, an dem ich nicht nur vielfältige Landschaft bewundern konnte, sondern auch die Natur im Frühling, angefangen von der Entenfamilie bis hin zu kleinen Fohlen auf den Weiden. Der Weg war sehr gut gekennzeichnet, so dass ich alles ohne Probleme finden konnte. Somit fühle ich mich sehr zufrieden, dass ich das alles leisten konnte, und gehe heute entspannt früh schlafen. Ich freue mich auf neue Abenteuer – morgen.

11. TAG, 8.MAI: NEUSTADT-GRÖMITZ

15 KM

Beim Blick aus dem Fenster heute Morgen bin ich ernüchtert: Es regnet in Strömen. Das, was sich bereits gestern Abend angedeutet hat, soll sich offensichtlich heute Morgen fortsetzen. Ich lasse mir also Zeit mit dem Frühstück, genieße das, was das Buffet so bietet. So starte ich heute erst gegen 9.00 Uhr und leider regnet es – immer noch.
Also habe ich keine Wahl, ich starte heute zum ersten Mal auf meiner Wanderung mit dem Regencape, das mich und meinen Rucksack ganz verhüllt. Durch die Innenstadt, am Kremper Tor entlang, führt mich mein Weg heute als Fußgängerweg neben der Straße entlang. Ich laufe eine gute Dreiviertelstunde im Regen, fühle mich aber trotz allem fit und zufrieden, auch wenn ich unter dem Cape schwitze und nicht so viel sehe wie sonst, da alles um mich herum Nebel verhangen daherkommt.
Ich komme gut voran, der Weg ist leicht zu belaufen und so dauert es nicht lange und ich erreiche Altenkrempe, welches durch eine riesige Basilika dominiert wird. Es geht die Geschichte um, dass die ursprüngliche Siedlung der Bauern und Fischer in Altenkrempe begann, dass diese ursprüngliche Missionssiedlung im 13. Jahrhundert jedoch aufgegeben wurde, weil die slawischen Seeräuber diese Siedlung immer wieder überfielen. Später dann wurde Neustadt gegründet und mit einer neuen Kirche, der Stadtkirche, bestückt. Der Hafen von Neustadt wurde dann später in der Hansezeit ein wichtiger Handelspunkt für dänische und holländische Schiffe. Demnach ist auf den ersten Blick zu erkennen, dass der kleine Ort Altenkrempe mit dieser riesigen Kirche übermäßig ausgestattet ist und im geschichtlichen Hintergrund kann man nun verstehen, wie es dazu kommen konnte.
Heute jedoch zeigt sich das Bild vor der Kirche und dem Pastorat in einer unge-

Die Basilika in Altenkrempe

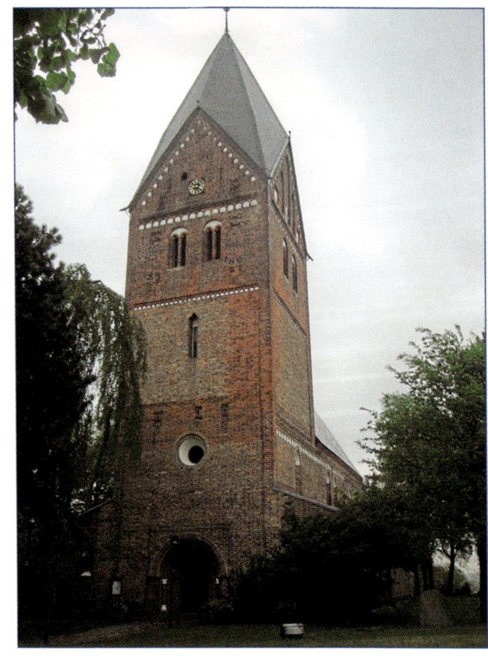

wöhnlichen Ansicht: Hier sind diverse Dinge aufgebaut: Ein Imbisswagen, eine Polizeistation, es gibt Pferde, die hier angebunden sind, und es wimmelt von Menschen. Schnell stellt sich heraus, dass hier ein Film an der altehrwürdigen Kulisse gedreht wird. Ich bin interessiert, neugierig, habe jedoch noch mehr Verlangen nach einem heißen Kaffee. Und ich habe Glück: Aufgrund des starken Menschenandranges der Filmleute hat die Gaststätte auf der anderen Straßenseite geöffnet, wo ich einkehren, meine nassen Sachen ablegen und einen heißen Kaffee genießen kann.

Am Nebentisch sitzen einige Leute vom Film, die mich sehr interessiert mustern. Schon sind wir im Gespräch, denn diese Menschen interessieren sich dafür, was ich hier so mache. Ich erzähle von meiner Wanderung auf dem Mönchsweg und alle bedauern mich sehr, dass ich heute bei diesem Wetter zu Fuß im Regen unterwegs bin. Mir macht das alles aber nicht so viel aus, denn ich bin es durch meine Reisen auf den Jakobswegen gewohnt, bei jedem Wetter unterwegs zu sein. Der einzige Unterschied besteht jedoch darin, dass hier im Norden Deutschlands die Temperaturen im Allgemeinen nicht so hoch sind wie in südlichen Ländern. Demnach besteht eine größere Erkältungsgefahr, wenn man nicht vorsichtig ist und sich warm hält.

Ich genieße meine Pause, wärme mich auf und bin dann wieder auf dem Weg, nachdem ich mich vom Filmteam verabschiedet habe. Alle wünschen mir einen guten Weg und ich trete wieder in das unwirtliche Leben hinaus. Es regnet noch immer, eher mehr als weniger und ich laufe nun rechts von der Kirche entlang, durchquere schmale Wege durch die nassen Wiesen. Beim Umdrehen erhasche ich nochmals einen wunderbaren Blick auf die schöne alte Basilika, ein wunderbar beeindruckendes Bauwerk. Wenn ich nach vorne schaue, verschwimmt alles in einem Wettereinheitsbrei, selbst die schönen Rapsfelder haben heute ihre Leuchtkraft verloren.

Trotz des Regenwetters stapfe ich unverdrossen durch die Wiesen und bin froh, dass meine Wanderstiefel hoch genug und das Leder gut eingefettet sind, um die Nässe von meinen Füßen fern zu halten. Schließlich durchquere ich Beusloe und nehme dann eine Abkürzung, da das Wetter derartig unbehaglich ist. Der normale Wegverlauf des Mönchsweges führt nach Brodau, ich jedoch folge auf dem Radweg der Straße nach Bliesdorf. Hier ist wenig Autoverkehr und so laufe ich auch hier entspannt, gut gefällt es mir aber, dass der Boden trockener und fester ist als in den Wiesen.

Kurz vor Bliesdorf passiere ich eine Kreuzung und finde keinerlei Hinweise auf den weiteren Wegverlauf. Ich bin ratlos, ein Hund bellt in der Nähe und schon öffnet sich eine Tür und eine ältere Frau schaut, was los ist. Ich kann sie nach dem Weg fragen und habe somit die Hilfe bekommen, die ich in diesem Moment benötigte. Ich muss rechts entlang gehen und so geht es auf asphaltierten, schmalen Nebenwegen weiter durch die Natur. Um mich herum ist alles in einem Einheitsgrau verschwommen, ich funktioniere, laufe, kann aber heute bei diesem Wetter meinen Weg nicht so recht genießen.

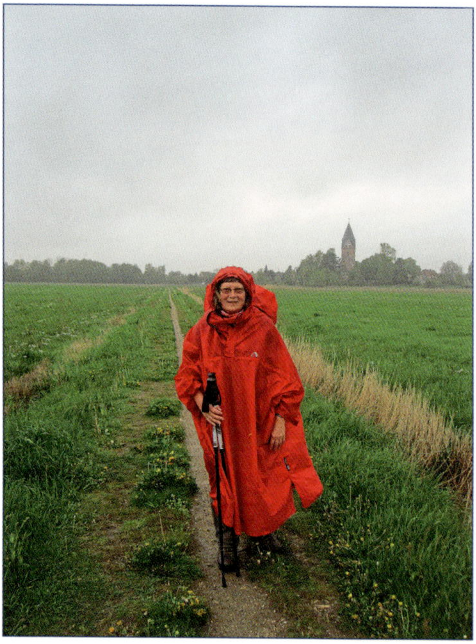

Wandern im Regen hinter Altenkrempe

Und auf einmal erreiche ich Grömitz und stehe beim Ortseingang an einem kleinen Imbisshaus. Schon kann ich der Verlockung nicht widerstehen und kehre erneut ein. Hier ist es nun warm und trocken und ich genieße die erneute Pause im Trocknen, schäle mich erneut aus meinem nassen Regencape. Hier gibt es nicht nur heißen Kaffee, sondern hier kann ich auch für wenig Geld eine kleine Mahlzeit einnehmen und mich stärken. Ich bin begeistert. Meine Hände tauen wieder auf und meine Lebensgeister kehren mit jeder Minute der Pause mehr zurück.

In diesem kleinen Imbiss herrscht reger Betrieb, verschiedene Menschen kommen und gehen, viele schauen auch nur herein, um sich etwas abzuholen. Die freundliche Wirtin hat für jeden ein Wort, kennt offensichtlich viele ihrer Kunden. Auffällig ist für mich eine grell geschminkte ältere Dame, die am Tresen steht und bereits am Vormittag kleine Fläschchen mit Alkohol leert. Ich bin froh, dass ich diese Probleme nicht habe, und fühle mich in dieser Gesellschaft nicht so recht wohl. Aber das Leben besteht aus Kompromissen und somit befinde ich mich in dieser Gesellschaft, wenn ich etwas Wärme und Verpflegung haben möchte.

Schließlich verlasse ich diese nicht ganz so gemütliche kleine Gaststätte und wende mich meinem Weg in den Ort Grömitz weiter zu. Ich muss noch gut eine Stunde weiterlaufen, bis ich zu meinem Quartier gelange, dass sich außerhalb des Kurgebietes befindet. Hier in Grömitz hatte ich bei der Buchung meines Quartieres die meisten Probleme: Ich habe bei etwa zehn Vermietern versucht, für nur eine Nacht ein Quartier zu buchen, bis es mir endlich gelang. Offensichtlich empfanden es andere Pensionen als eine Zumutung, ein Bett nur für eine Nacht zu vermieten. Für mich jedoch war das eine merkwürdige Erfahrung. Für heute jedoch bin ich froh, dass ich bei diesem schrecklichen Wetter nur eine relativ kurze Strecke zu bewältigen habe.

In meiner Pension empfängt mich ein sehr freundlicher Vermieter, der mir einen mitleidigen Blick zuwirft und mir sofort mein Zimmer zeigt. Ich bin inzwischen völlig nass, von innen ist mein Rücken nass geschwitzt und von außen tropft der Regen von meinem Cape. Ich freue mich auf eine heiße Dusche, die mich wieder aufwärmt, und hänge meine Sachen zum Trocken auf. An das Waschen meiner Klei-

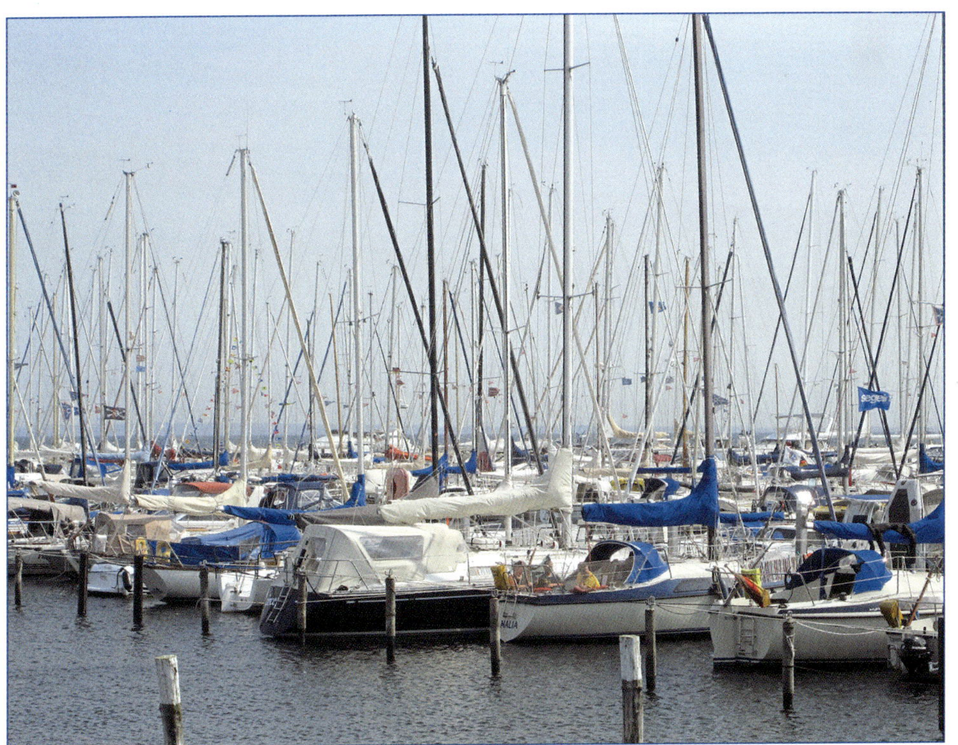

Der Jachthafen in Grömitz

dung kann ich heute nicht einmal denken, denn die würde bei diesem Wetter sicherlich überhaupt nicht trocknen. Ich kuschele mich in mein Bett und schlafe gut zwei Stunden. Was soll ich bei diesem grässlichen Wetter sonst hier machen?
Als ich wieder wach werde, bin ich nicht nur gut erholt, sondern auch optimistisch, denn der Regen hat erheblich nachgelassen, es tröpfelt nur noch wenig. So laufe ich in den Ort zur Promenade und stärke mich mit Kaffee und Kuchen. Und auf einmal lugt die Sonne wieder hervor, es ist kaum zu glauben. Im Nu füllt sich die vordem ausgestorbene Promenade wieder mit Menschen und ein frühlingshaftes Draußensein erscheint wieder möglich. Ich bin entzückt und mache einen langen Spaziergang an der Promenade und stelle sofort fest, dass es erheblich wärmer geworden ist.
Mein Weg führt mich bis zum Jachthafen und ich genieße die schöne Aussicht und das wieder bessere Wetter, die salzige Luft und die Freizeit, die ich an diesem schönen Ort habe.

Blick von der Strandpromenade in Grömitz auf die Ostsee

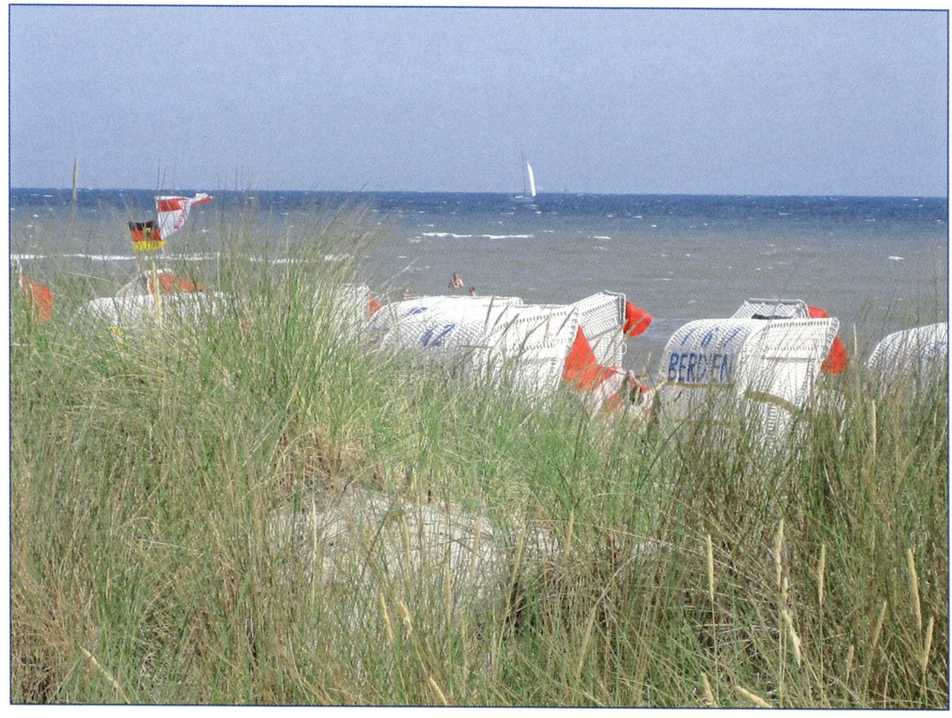

Schließlich sitze ich auf einer Bank und genieße die Sonne, betrachte die Menschen, die hier auch alle wieder das schöne Wetter genießen und aus ihren Unterkünften herausgekommen sind. Später schlendere ich durch die kleinen Geschäfte an der Strandpromenade, sehe mir vieles an, kaufe aber nichts, denn jedes Stück habe ich zu tragen und ich möchte mein Rucksackgewicht auf keinen Fall vergrößern.
Am Abend dann gehe ich Fisch essen, ich bin an der Küste und das muss ich ausnutzen. Ich sitze in einem gemütlichen kleinen Restaurant in Strandnähe und so allmählich füllt sich dieses. Schließlich fragt mich eine Dame, die gerade hereingekommen ist und etwa mein Alter hat, ob sie sich zu mir mit an den Tisch setzen darf. Ich freue mich über Gesellschaft und schnell sind wir im Gespräch. Sie erzählt mir, dass sie hier seit einer Woche Urlaub macht und morgen wieder nach Hause fährt. Aus dem Rheinland kommend, ist sie begeistert von der Ostsee, von der schönen Natur, von den vielen Möglichkeiten, die Schleswig-Holstein so bietet. Und ich erzähle vom Mönchsweg, von meinem Vorhaben und von meinen ersten Eindrücken beim Laufen in schönster Natur. Wir haben einen interessanten, geselligen Abend zusammen, es gibt viel zu lachen und die Stunden vergehen schnell. Ich bin fit, habe mich heute Nachmittag gut ausgeruht. Und so ist es später als sonst, als ich mich auf den Weg zu meinem Quartier mache.
Aber, als ich nach draußen trete, gießt es bereits wieder in Strömen, das hatte ich während des Essens im Lokal gar nicht bemerkt. Ich rase zu meinem Quartier, laufe so schnell es geht, springe über Pfützen und bin aber nach einer Viertelstunde beim Ankommen wiederum völlig durchnässt – das zweite Mal an diesem Tage. Aber ich kann es nicht ändern, ich muss es nehmen, wie es kommt. In meinem Zimmer ist es warm und ich genieße die Aussicht wieder trockene Kleidung anzuziehen, rolle mich in mein Bett und schlafe zufrieden sofort ein. Inständig wünsche ich mir, dass das Wetter morgen besser sein möge.

12. TAG, 9. MAI: GRÖMITZ-OLDENBURG

25 KM

Als ich kurz nach 8.00 Uhr nach einem guten Frühstück mein Quartier verlasse, ist der Himmel noch immer weitgehend bedeckt und verhangen, aber zurzeit ist es wenigstens trocken. Es geht mir gut und ich laufe frohen Mutes Richtung Lenster Strand, passiere mehrere Campingplätze und sehe genau, dass dieses hier ein beliebter Strandabschnitt sein muss. Nur warten hier sicherlich noch mehr Menschen auf besseres Wetter und Sonne. Ich laufe durch ebene schmale Wege in Einsamkeit und genieße den frühen Morgen. Die Luft ist feucht und die Natur scheint zu schlafen, durch die Nässe allenthalben ist kein weiteres Leben sichtbar.

Weiter geht es durch den kleinen Ort Lenste nach Cismar, welches durch das mittelalterliche Kloster Cismar bekannt ist. Zur geschichtlichen Entwicklung ist zu sagen, dass im 12. Jahrhundert in Lübeck ein Kloster gegründet worden war, in das auch Nonnen aufgenommen wurden. Da jedoch etliche Mönche den Nonnen keinen ausreichenden Respekt zollten, wurden die Mönche nach Cismar strafversetzt. Dort wuchs das Kloster zu einem bedeutenden Wallfahrtsort, wurde aber nach der Reformation 1560 aufgelöst.

Später ging der Besitz auf die Herzöge von Schleswig-Holstein Gottorf über und gehört heute zum Landesmuseum Schloss Gottorf. Heute kann man die Klosterkirche und den mittelalterlichen Kreuzgang aus dem 13. Jahrhundert besichtigen, was als Sehenswürdigkeit in der Umgebung gerne wahrgenommen wird.

Hier in der Nähe des Klosters kann ich in einem Bäckercafé einkehren und mich aufwärmen und stärken. Der feuchte, frische Morgen lässt mich durchkühlen, so dass ich einen warmen Kaffee und ein Brötchen genieße und in diesem gemütlichen Ort eine gute halbe Stunde Pause mache.

Wandern hinter Grömitz

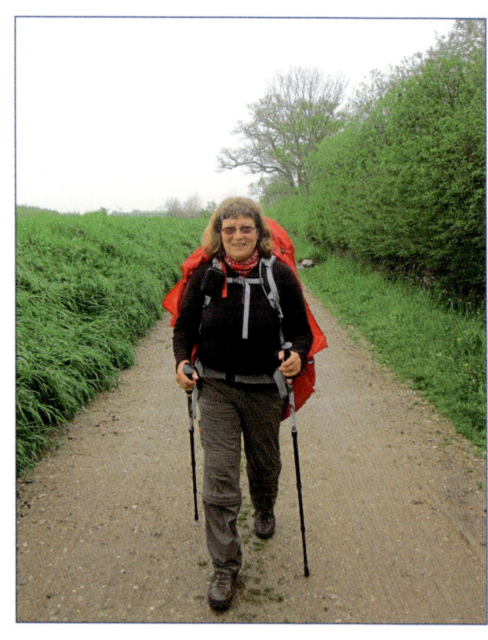

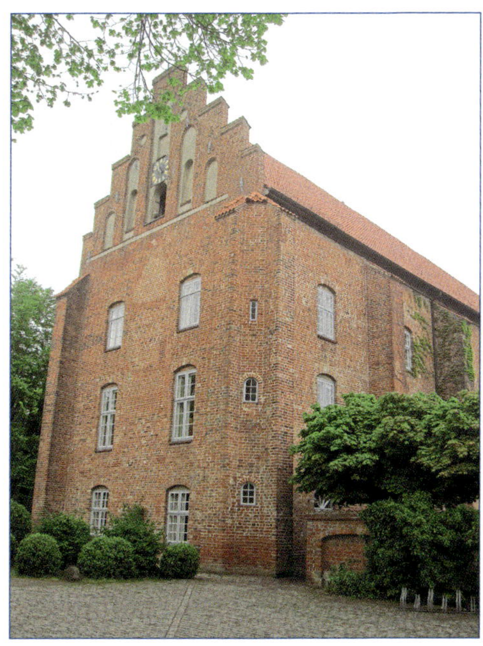

Das Kloster Cismar

Jedoch fängt es inzwischen wieder an zu regen, so dass ich meinen weiteren Weg erneut im Regencape fortsetzen muss, ungemütlich, aber nicht zu ändern. Mein Weg führt mich weiter auf den schmalen, geteerten landwirtschaftlichen Wegen nach Gosdorf, wo sich eine Heuherberge direkt am Weg befindet. Jedoch ist diese geschlossen und auch das kleine Café, das dort betrieben wird, ist nicht geöffnet. Offensichtlich ist es zu früh im Jahr, es hat den Anschein, dass hier alle auf den Sommer warten.

Ich laufe weiter nach Riepsdorf, Koselau und durchquere schließlich den Schwienkuhler Bruch und den Oldenburger Bruch, feuchte, sumpfige Wiesen, die rund um die Straßen zu sehen sind. Mein Weg ist heute ungemütlich: Es regnet kräftig und ich laufe auf der Straße, auf

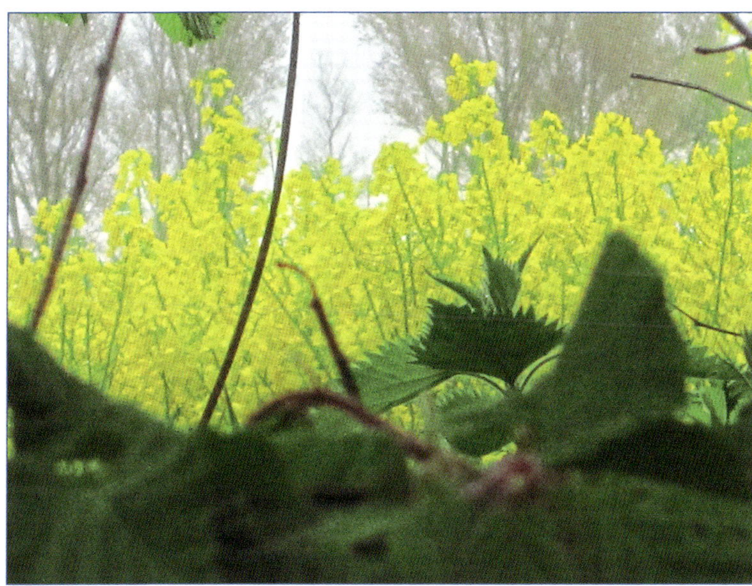

Rapsfeldperspektiven

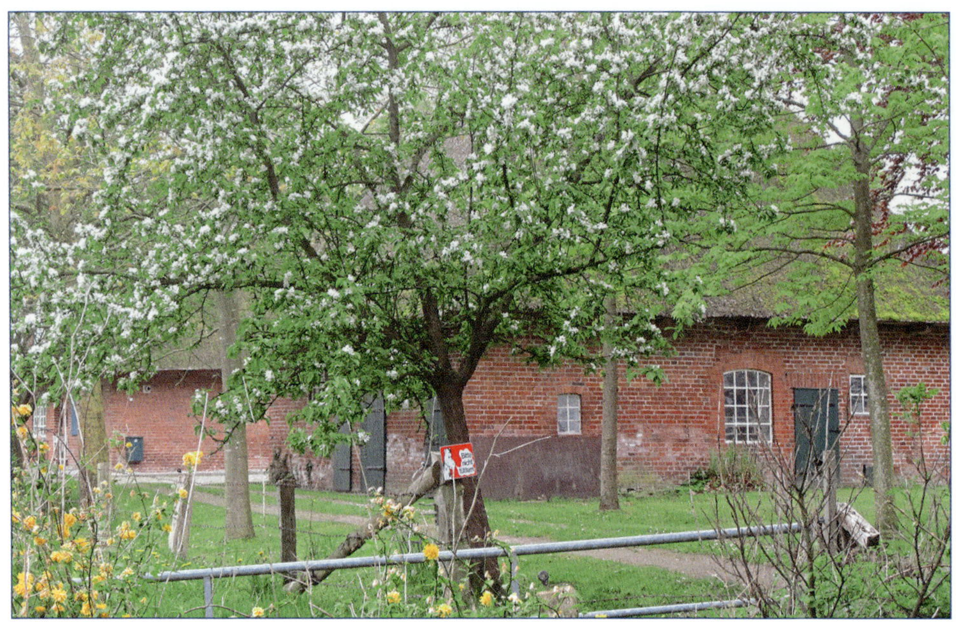

Blühende Obstbäume vor Reetdachhäusern

der mich immer wieder Autos und manchmal sogar Busse beim Träumen stören. Hier kann sich demnach keine rechte Entspannung am Weg einstellen. Es regnet eher mehr als weniger, ich laufe im Dauerregen, zu dem sich immer wieder heftige Windböen gesellen. Das ist vom Wetter her keine Wanderung mit einem Wohlfühlgefühl.
Um mich herum erfreuen mich trotz alledem immer wieder die Ausblicke auf die Rapsfelder in voller Blüte und auch die alten, reetgedeckten Bauernhäuser, oftmals umrahmt von blühenden Obstbäumen.
Und schließlich erreiche ich, völlig durchnässt, nach gut fünf Wanderstunden die Stadt Oldenburg in Holstein. Ursprünglich hatte ich hier geplant, meine Unterkunft im Pastorat zu beziehen. Da der Pastor jedoch durch einen Trauerfall verhindert war, habe ich einfach den Kontakt zu ihm nicht recht herstellen können. Auf einer Wanderreise mit dem Rucksack ist es nicht immer möglich – schon gar nicht im strömenden Regen – ständig das Handy griffbereit zu haben. Demnach suche und finde ich ein anderes preisgünstiges Quartier, ziemlich zentral gelegen und nicht weit von den Oldenburger Wallanlagen entfernt.

Hier nun in der Pension habe ich ein Etagenbad, aber damit kann ich gut leben. Eine heiße Dusche belebt meine Lebensgeister sofort wieder und mit trockener Kleidung fühle ich mich schnell wieder wohl. Das Zimmer ist groß genug, dass ich meine nassen Sachen zum Trocknen aufhängen kann und schon bin ich auf dem Weg ins Innere der Stadt, um mich zu verpflegen. Heute stärkt mich eine warme Suppe und eine Tasse Kaffee, diese Wärme von innen muss das Regenwetter von außen etwas ausgleichen.

Als ich wenig später aus dem Lokal trete, hat es wie durch ein Wunder aufgehört zu regnen. Ich bin froh, dass ich noch ein paar Schritte machen kann und ich sehe mir den Innenstadtbereich von Oldenburg an. Vor der großen St.-Johannis-Kirche, die aus den Anfängen der Christianisierung von 1160 stammt, finde ich ein Schild, welches mich berührt: Geht es nicht jedem Pilger, jeder Pilgerin so, dass er oder sie nicht weiß, wo der persönliche Lebensweg hingehen wird? Das ist ein tiefgründiger Spruch, der mir sehr gefällt.

Anschließend laufe ich zurück, um mir die achtzehn Meter hohe Wallanlage mit original getreuen Nachbauten zur Geschichte der Wikinger und Slawen anzusehen. Ich bin beeindruckt, auch wenn ich wegen

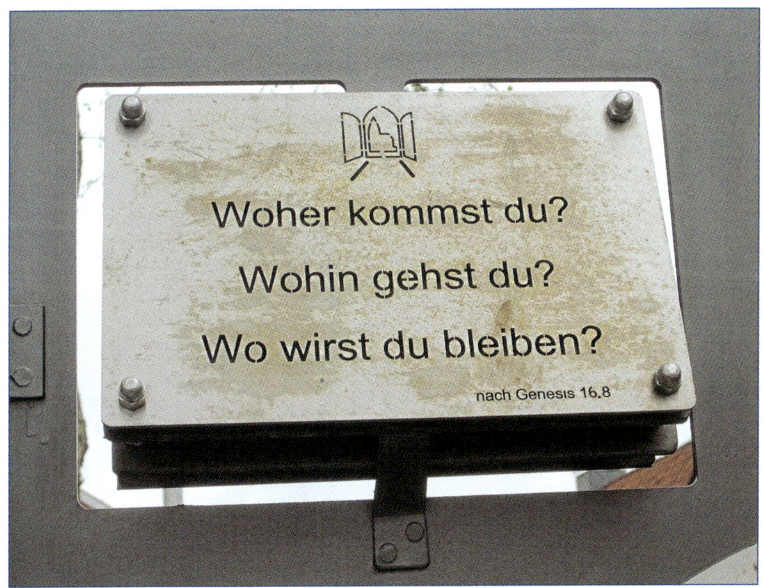

Spruch vor der St. Johannes-Kirche in Oldenburg

des matschigen Untergrundes der Wege zeitweise um mein Leben fürchte.

Bis hier an diese Stelle reichte offensichtlich früher das Meer und dort wurde gegen Ende des 7. Jahrhunderts der erste Schutzwall errichtet. Jahre später baute man dann einen zweiten Schutzwall, der die Sicherheit erhöhte und heute immer noch in der Form einer Ellipse besteht. Später wurde darin im 13. Jahrhundert die „alte Burg" des Grafen von Holstein gebaut, aus der später das Wort Oldenburg entstand. Nachdem die Germanen diesen Platz verlassen hatten, kamen die Slawen, die dann später mit den Wikingern Handel trieben. Hier kann man heute im Wall-Museum in drei Reetdachhäusern das Alltagsleben der Slawen und Wikinger in einem authentischen Dorf betrachten. Zu einer späteren Zeit kamen dann die Christen, um von diesem Platz Besitz zu ergreifen. Es entstand damit in Oldenburg die älteste Backsteinkirche Nordeuropas, die St.-Johannis-Kirche. Ich bin von diesem geschichtsträchtigen Platz durchaus beeindruckt.

Den Abend verbringe ich heute in meiner Unterkunft, wo ich erfreulicherweise wieder Gesellschaft bekomme: Ein Radfahrer, der auf dem Mönchsweg unterwegs ist, sitzt mit mir zusammen im Aufenthaltsraum und wir tauschen unsere Eindrücke über das Gesehene und über das Wetter aus. Schließlich liefert uns das Internet Prognosen über das kommende Wetter: Es bleibt ungemütlich und kühl.

Trotz der netten Gesellschaft bin ich früh müde und schlafe bereits gegen 21.00 Uhr. Die langen Tage draußen an der frischen Luft fordern ihren Tribut und ich bin rechtschaffen müde.

13. TAG, 10. MAI: OLDENBURG–HEILIGENHAFEN

20 KM

Zum Frühstück heute Morgen treffe ich meinen Pilgerbekannten von gestern Abend wieder. Wir freuen uns beide über Gesellschaft und haben eine anregende Unterhaltung. Jedoch bin ich früher fertig und mache mich abmarschbereit, so dass ich gegen 9.00 Uhr mein Quartier verlasse.

Unser Gespräch geht mir noch durch den Kopf, denn der Radpilger hat mir viel über seinen stressigen Job erzählt. Es scheint durchaus, dass die Menschen zunehmend neue Wege suchen, um aus der Tretmühle des Alltags zu entkommen, um in der Ruhe der Natur Zeit für sich zu finden und neue Kräfte für den Alltag zu sammeln. In unserer zunehmend hektischen Zeit müssen offensichtlich immer mehr Menschen am Limit leben und verausgaben sich – meist beruflich – derart, dass sie kein frohes und entspanntes Leben mehr führen können. Demnach hat es den Anschein, dass aktive Auszeiten in der Natur zur Erholung zunehmend wichtiger werden, denn häufig bietet so etwas der Urlaub mit der Familie nicht. Vielmehr muss der Mensch in diesen traditionellen Urlauben stets auf die anderen Familienmitglieder Rücksicht nehmen und kann somit nur sehr bedingt das tun, was er oder sie gerade möchte und braucht. Demnach sind diese individuellen Auszeiten ein Geschenk für jeden, der in dieser Zeit wieder zur inneren Balance finden kann.

Heute Morgen scheint sich das schlimme Wetter von gestern etwas beruhigt zu haben. Es ist zwar grau und verhangen draußen, aber zumindest trocken und das freut mich sehr, denn nun kann ich wieder ohne mein Regencape auf dem Weg sein. Ich laufe entspannt Richtung Göhl und Rellin bis nach Heringsdorf. Da es heute immer noch recht kühl draußen ist, freue ich mich, dass ich in Rellin in einem altertümlichen Tante-Emma-Laden einen Kaffee zu mir nehmen kann. Das warme Getränk erfreut mich und ich genieße nach den ersten neunzig Wanderminuten eine Pause im Sitzen. Schön!

Weiter geht es dann Richtung Neukirchen. Ich laufe auf einem Radweg neben der Straße, wobei ich mich an meinem Weg nicht so recht erfreuen kann, da der relativ starke Verkehr mich mit seinem Krach dauerhaft belästigt. Und schließlich erreiche ich gegen Mittag Neukirchen und kann dort gegenüber von der Kirche einkehren und mich stärken.

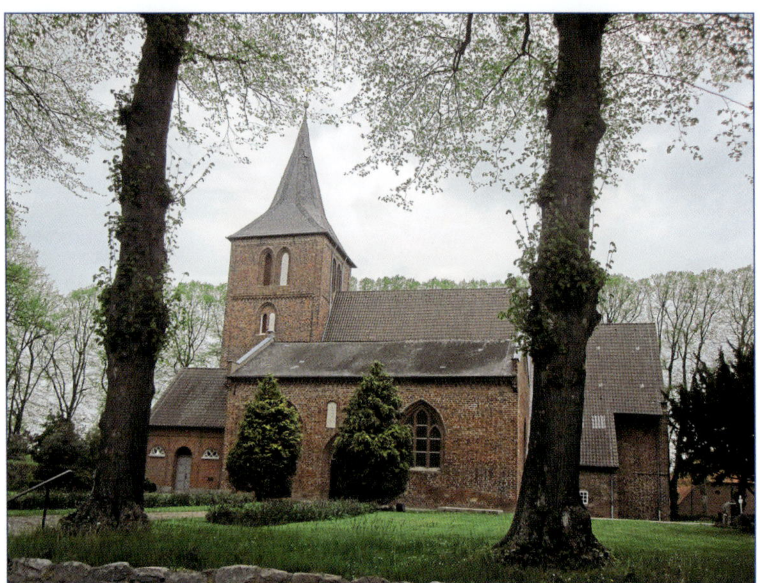

Die St.-Antonius-Kirche in Neukirchen

Die St.-Antonius-Kirche, vom Grafen Adolf IV. von Holstein gestiftet, wurde im 13. Jahrhundert errichtet und überragt heute noch die kleine Siedlung, die sich um die Kirche herum gebildet hat. Wunderschön, von Bäumen umrahmt gelegen, hat sie auch heute noch ihren Reiz und gibt Zeugnis von der Zeit der Christianisierung in Schleswig-Holstein.

Ich genieße eine Pause im griechischen Restaurant in Neukirchen, esse eine heiße Suppe und wärme mich auf. Auf den letzten von mir zurückgelegten Kilometern merke ich zunehmend, dass ich mich der Küste nähere, denn es weht dauerhaft ein sehr kalter Wind. Deswegen ziehe ich mir noch eine Vliesjacke über und kann somit meinen Weg anschließend gut gestärkt fortsetzen.

Auf Nebenwegen geht es über Klingstein Richtung Neuratjensdorf und Heiligenhafen weiter. Hier genieße ich wieder die vielfältigen landschaftlichen Schönheiten: grüne Maisfelder und viele Knicks, die für Schleswig-Holstein so typischen Abgrenzungen zwischen den Feldern, die die Macht des Windes abmildern sollen. Viele Bäume sind hier in Küstennähe noch immer ohne Blätter, heben sich aber vom Horizont durch ihr filigranes Astwerk schwarz vom Himmel ab. Dazwischen liegen immer wieder Rapsfelder in voller Blüte, erstrecken

Kahle Bäume vor dem blühenden Rapsfeld bei Klingstein

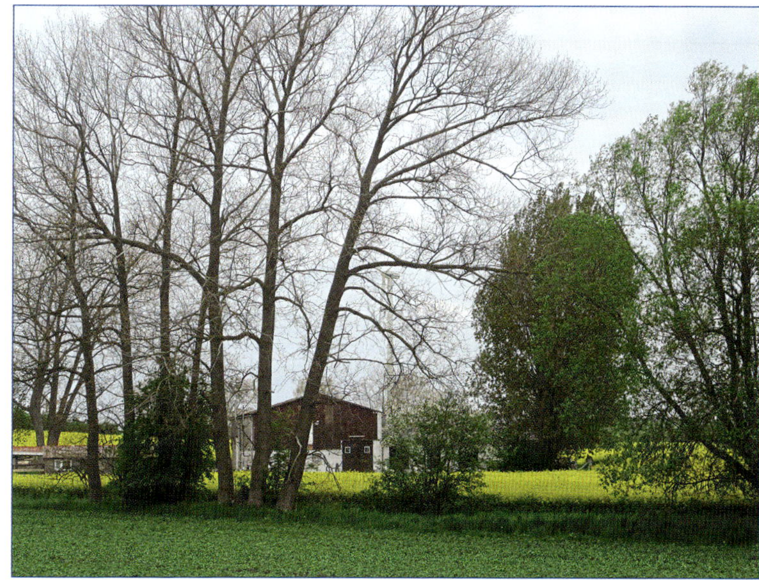

Windkrafträder kurz vor Heiligenhafen

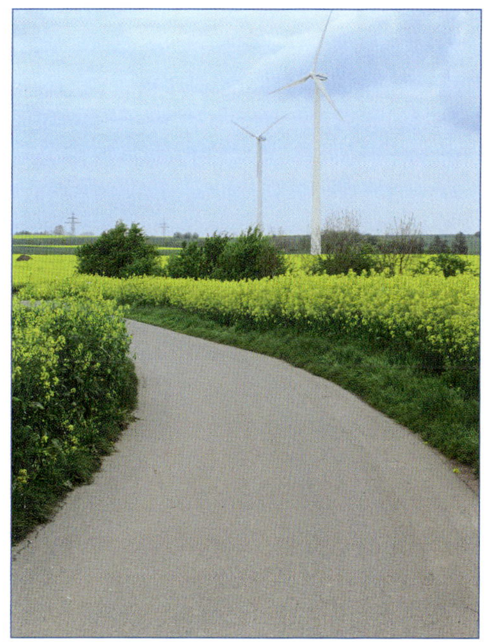

sich wie hingeworfene Tücher willkürlich, hellgelb und betörend duftend, dazwischen. Auch sehe ich immer wieder eine Fülle von Windkrafträdern, die zur Stromerzeugung den hier immer wieder heftigen Wind ausnutzen.

Kurz vor Heiligenhafen folge ich dann einem geteerten Radweg, der sich als landwirtschaftlicher Weg durch die Rapsfelder schlängelt. Dabei laufe ich auf leicht hügeligem Terrain und habe immer wieder schöne und beeindruckende Aussichten auf die Landschaft. Trotz der dicken, grauen Wolkenklumpen genieße ich meinen Weg, bei dem es heute windig und kühl, aber wenigstens trocken ist.

Und schließlich erreiche ich gegen 15.00 Uhr Heiligenhafen, einen freundlichen Ort direkt an der Ostsee. Jedoch erscheint mir der Weg hinter dem Ortsschild bis zum Zentrum endlos. Ich mag nicht mehr, habe einfach keine Lust mehr, bei diesem ungemütlichen Wetter weiterzulaufen. Jedoch auch dieses muss ich heute bewältigen, es gilt wie so oft kurz vor dem Ankommen die Zähne zusammenzubeißen und sich zum Quartier durchzuschlagen. Das gelingt mir dann leichter, als ich mir in der Touristeninformation einen Plan mit den Straßennamen von Heiligenhafen holen konnte und somit mein Quartier leicht finden kann.

Als ich nun im Garten meines Quartieres nach Klingeln und Klopfen auf Einlass warte, geschieht ein Wunder: Die Sonne lugt auf einmal wieder zaghaft hervor und verspricht Wetterbesserung. Leider kommt meine Vermieterin nicht und ich bin bereits völlig irritiert und will sie anrufen, als diese auf einmal mit einem Wäschekorb unter dem Arm auftaucht. Offensichtlich kam sie vom unteren Garten, so dass ich sie nicht sehen konnte.

Mein Zimmer ist aber fantastisch, so dass ich diese unbequeme Wartezeit schnell vergessen habe. Ich genieße den schönen Luxus eines perfekten Zimmers mit angrenzendem Badezimmer und fühle mich nur wohl. Nach dem Duschen ist für mich die Welt wieder völlig in Ordnung, nur mit dem Wäschewaschen habe ich hier in Norddeutschland bei dem feuchten und kühlen Klima so meine Probleme: Die verschwitzte und dann frisch gewaschene Wäsche trocknet nie von einem Tag auf den anderen. So muss ich sie immer feucht mitnehmen, um sie dann am folgenden Tag im nächsten Quartier zu Ende trocknen zu lassen. Das ist so manches Mal nervend und erfordert demnach mindestens drei Garnituren an Wäsche.

Und schnell merke ich es, dass ich beim fortgesetzten Wandern in kühler Luft einen erhöhten Energiebedarf habe. Ich bin sehr hungrig und laufe in die hübsche Innenstadt von Heiligenhafen, um dort etwas zu essen zu finden. Heiligenhafen weist nicht nur eine alte, romantische Innenstadt auf, sondern hat auch einen kleinen Hafen, der voller Fischerboote und auch Jachten liegt. Hoch über der Stadt thront die Stadtkirche aus dem 13. Jahrhundert so, als wenn sie die Geschichte Heiligenhafens erzählen könnte: im Mittelalter als Handelsplatz beliebt, später von den Dänen eingenommen, und schließlich während des 2.Weltkrieges von den Engländern besetztes Gebiet für Gefangene. Jedoch hat es den Anschein, dass der kleine, idyllische Ort das alles gut überstanden hat und sich guter touristischer Beliebtheit erfreut, so nahe am Fehmarn-Sund gelegen.

Als ich nun durch den kleinen Ort laufe, fängt es schon wieder an zu regnen, so dass ich mir ein Restaurant zum Essen suche. Hier ist nicht viel los und ich vermisse Gesellschaft. Doch das Essen - Spargel und Schnitzel - der Saison entsprechend, munden mir vorzüglich, so dass ich am frühen Abend mein Quartier aufsuche. Hier gibt es die Möglichkeit, im Warmen ein Getränk zu sich zu nehmen, und ich sitze bei einem freundlichen Gespräch mit meiner Vermieterin zusammen. Diese interessiert sich für den Mönchsweg und ich gebe ihr ein paar Informationen dazu. Auch hier habe ich den Eindruck, dass es sich noch nicht herumgesprochen hat, dass Heiligenhafen direkt am Mönchsweg liegt.
Heute hatte ich wieder einen wunderbaren Tag in schönster Landschaft und ich bin voller neuer Eindrücke, aber auch wieder sehr müde. So schlafe ich zeitig innerhalb von Sekunden ein, schlafe tief und fest, bis mich am nächsten Morgen die Sonnenstrahlen in meinem Zimmer wecken.

25 KM

Frühmorgens breche ich nach einem reichhaltigen Frühstück gegen 9.00 Uhr auf. Mein Weg führt mich über den Südweg und den Lütjenbroder Weg direkt mit Meeresaussicht aus Heiligenhafen hinaus. Ich passiere Ortmühle, Lütjenbrode, Mittelhof und Lütjenhof.

Von weitem kann ich beim Wandern jetzt bereits die Fehmarn-Sund-Brücke sehen, die Fehmarn seit 1963 mit dem Festland verbindet. Man baute damals diese sogenannte Vogelfluglinie, um den Menschen nach der Teilung Deutschlands den langen Umweg über Flensburg zu ersparen, denn der Weg von Warnemünde nach Gedser war zu dieser Zeit nicht mehr nutzbar. Diese Brücke gilt inzwischen als eine Art Wahrzeichen für Schleswig-Holstein.

Schließlich erreiche ich Großenbrode, wo ich gerne eine Pause eingelegt hätte. Jedoch hat heute am Sonntag das einzige Hotel des Ortes geschlossen, so dass eine Kaffeepause nicht möglich ist. Das bedaure ich sehr, denn das Wetter hat sich wiederum verschlechtert. Einen kurzen Blick werfe ich beim Vorbeigehen auf die schöne alte St.-Ka-

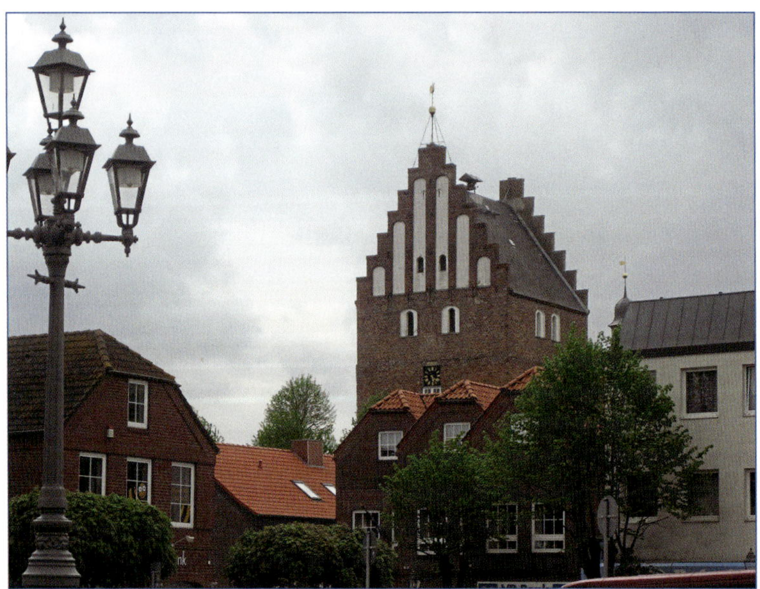

Die Stadtkirche in Heiligenhafen

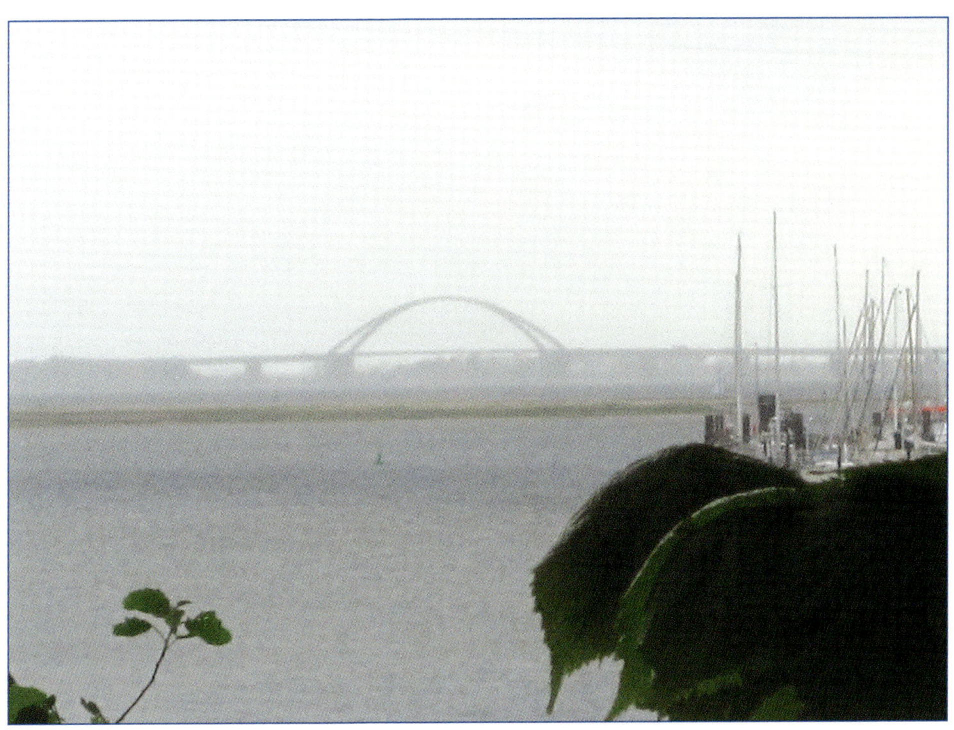

Ausblick auf die Fehmarnsundbrücke

tharinenkirche aus dem 13. Jahrhundert, aber ich kann mich nicht entscheiden, einen Umweg zu laufen, um mir diese näher anzusehen. Leider hat es inzwischen wieder angefangen zu regnen, so dass ich in den ersten zwei Stunden meiner heutigen Wanderung wieder, in mein Regencape eingehüllt, unterwegs bin. Es weht ein kalter Wind und ich muss auf dem Radweg neben der Straße laufen, wobei mich die Geräusche der Autos wiederum nerven. Beim Überqueren der B 207 dann ärgere ich mich über die schlechte Kennzeichnung des Weges. Um ein Haar hätte ich mich verlaufen, denn ich muss nun ca. zwei Kilometer lang linksseitig von der B207 laufen, um schließlich am Fuße der Brücke diese linksseitig überqueren zu können. Die Mitte der Brücke gehört den Autos und auf der rechten Seite befinden sich die Schienen für die Eisenbahn. Mein Weg über die Brücke ist ein Erlebnis: Ich fühle mich wie ein Segelschiff, als ich bei starkem Wind und Regen in meinem Cape diese Brücke bewältige. Hier nun wird mir erst bewusst, dass diese Brücke mit ihren 963 Metern doch eine beträchtliche Länge

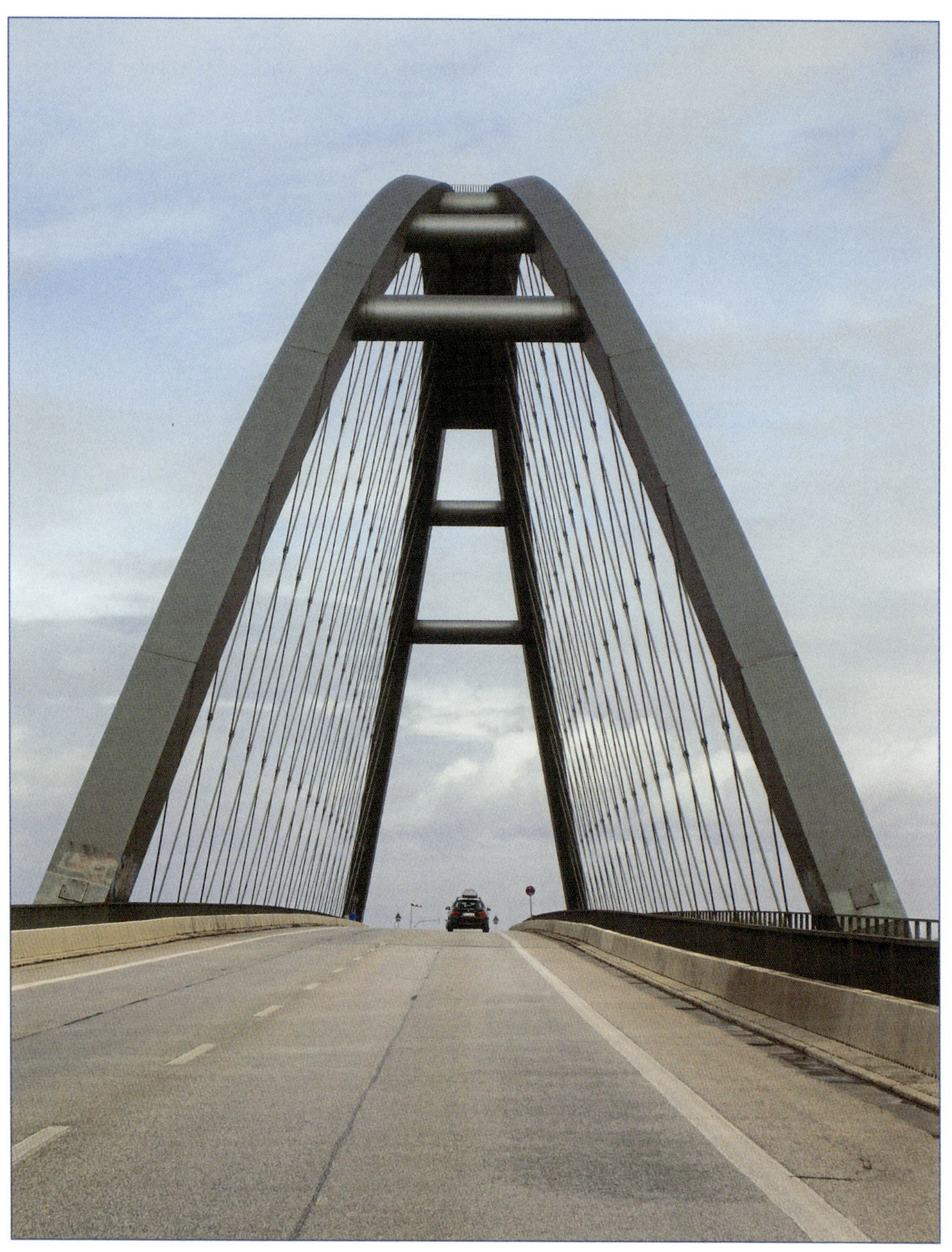

Links: Die Fehmarnsundbrücke

aufweist. Die Aussicht jedoch ist phänomenal, als ich 23 Meter über dem Wasser auf die bis zu 45 Meter hohe Stahlkonstruktion blicke. Das ist wirklich ein Erlebnis!

Auf Fehmarn angekommen, erreiche ich Strukkamp, Albertsdorf und schließlich Teschendorf. Immer noch dominieren die Rapsfelder und ich genieße die herrlichen Aussichten auf diese hellgelben Flächen. Als ich schließlich eine Rastmöglichkeit entdecke, kann ich diese nicht wahrnehmen: Der Wind weht derart kalt und ich habe einen nass geschwitzten Rücken, so dass ich fürchte, mich zu erkälten, wenn ich hier bei diesem Wetter auf der nassen Bank sitze.

Die nächste Rastmöglichkeit erhalte ich erst wieder in Landkirchen, wo mich die Petrikirche fasziniert. Diese stammt als Backsteinbau aus dem 13. Jahrhundert und fällt besonders durch ihre Dachreiter an der Spitze auf. Neben dieser Kirche wurde 1638 ein hölzerner Kirchturm erbaut.

Und nun ist es nicht mehr weit bis nach Burg auf Fehmarn. Ich passiere die Innenstadt des kleinen Ortes mit Geschäften, Lokalen und Hotels. Ich wohne jedoch in einer kleinen Pension in einer der Seitenstraßen, nicht allzu weit vom Zentrum entfernt. Und so bin ich froh und glücklich, heute bei diesem ungemütlichen Wetter nun Rast machen

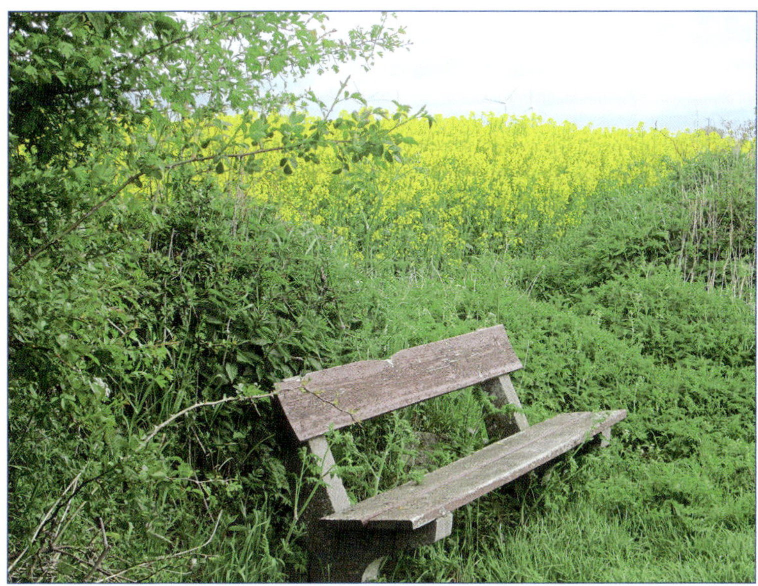

Rastmöglichkeit kurz vor Fehmarn

zu können. Meine Wirtin empfängt mich sehr freundlich und zuvorkommend, und ich ruhe mich aus, schlafe fast zwei Stunden, bevor ich in der Lage bin, mir den Ort näher anzusehen.

Ich fühle mich heute sehr erschöpft, bin nach den letzten drei Tagen vielfach im Regen und bei kaltem Wind unterwegs gewesen, so dass ich mich immer wieder der für die Jahreszeit zu kühlen Witterung ausgeliefert gefühlt habe. Und so bleibt der heutige Nachmittag kurz, viel freie Zeit habe ich nicht mehr.

Als ich jedoch aus meinem Zimmer auf die Straße trete, muss ich mich noch informieren, wo mein Weg morgen weitergeht. Relativ mühelos finde ich jedoch die Wegkreuzung, wo der Mönchsweg mit 13 Kilometern bis Puttgarden ausgezeichnet ist. Diese schaffe ich morgen noch, ganz bestimmt.

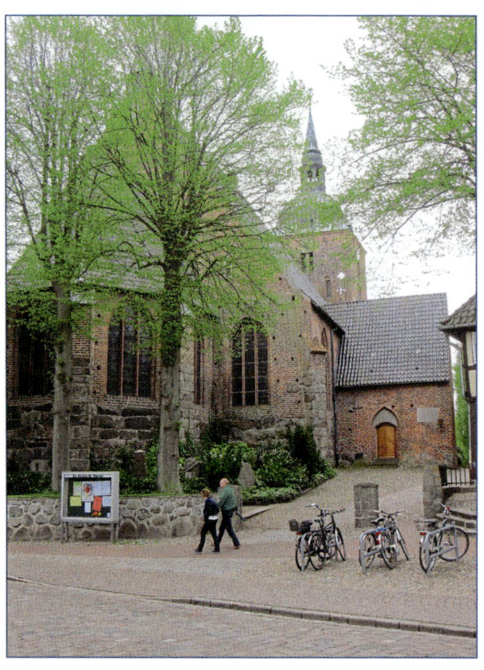

Die St.-Nicolai-Kirche in Burg auf Fehmarn

Im Zentrum von Burg finde ich die kleine Fußgängerzone mit wenigen Geschäften und einer durchaus zu dieser Jahreszeit noch überschaubaren Gastronomie. Viele Lokale haben außerhalb der Saison eben verkürzte Öffnungszeiten. Ich laufe herum und bleibe schließlich vor der St-Nicolai-Kirche stehen. Diese Kirche stammt wie alle Kirchen auf Fehmarn aus dem 13. Jahrhundert und liegt etwas erhöht, so dass sie die Fußgängerzone überragt. Diese alte Kirche mit den roten Backsteinen überrascht von innen durch große, weiße Steine, eine ungewöhnliche Bauweise. Fenster mit Glasmalereien, geben dieser von innen schlichten Kirche einen besonderen Ausdruck. Die gotischen Bögen, farblich dezent abgesetzt, vervollständigen ein für den Besucher interessantes Bild dieser Kirche. Besonders ansprechend und künstlerisch zeigen sich die geschnitzten, Wappen verzierten Sitzreihen aus Holz, die seit dem 17. Jahrhundert das Innere dieser schönen Kirche verzieren.

Leider habe ich heute keine Kraft und keine Zeit mehr, das Meereszentrum Fehmarn zu besichtigen. Ich bedaure das sehr, denn nicht nur tropische Fische, sondern natürlich auch einheimische Fischsorten sind hier zu bestaunen. Auch besteht die Möglichkeit, durch einen zehn Meter langen Tunnel durch das Wasserbecken zu gehen, um so die Fische, unter anderem auch Haie, aus allen Lebenslagen betrachten zu können.

Aber eine Pilgerwanderung lässt sich nicht mit einer Sightseeingreise vergleichen: Dem Pilgernden fehlt es häufig an Kraft und Zeit, sich alle Sehenswürdigkeiten am Wegesrand ansehen zu können. Auch hier gilt es, Mut zur Lücke zu bewahren, denn nicht alles, was machbar wäre, ist auch möglich. Vielfach reichen die Kraftreserven auf dem Weg einfach nicht aus, um alle Möglichkeiten wahrzunehmen. Demnach sind Pausen zum Ausruhen und neue Kraft schöpfen sehr häufig wichtiger als weitere Besichtigungen. Hier gilt es eben Prioritäten zu setzen.

Den Abend verbringe ich entspannt in einem Lokal, wo ich heute bereits um 19.00 Uhr essen kann. Ich genieße meine Mahlzeit in diesem spärlich besuchten Lokal, fühle mich heute aber einsam und hätte gerne etwas Gesellschaft. Jedoch passt es nicht immer und so gehe ich früh zurück auf mein Zimmer, wo ich nach kurzer Zeit zufrieden und sehr müde in einen tiefen Schlaf falle.

15. TAG, 12.MAI: BURG AUF FEHMARN-PUTTGARDEN

15 KM

Heute nun will ich mein Ziel erreichen, ich bin gespannt und fiebere diesem Ereignis entgegen. Nach einem gemütlichen Frühstück in meiner Unterkunft starte ich fröhlich und gut ausgeruht in einen wiederum kühlen und feuchten Tag, hoffe wieder einmal, dass es möglichst trocken bleiben möge. Die kleinen Straßen und Wege sind feucht, aber es regnet zurzeit nicht und das Wasser vom Regen in der Nacht ist inzwischen weitgehend weggetrocknet.

Mein Weg führt mich wieder durch die Natur, immer wieder erfreuen mich die unzähligen Rapsfelder auf meinem Weg. Weiter laufe ich Richtung Gahlendorf, lege später in Klausdorf eine ruhige Kaffeepause in einem Bauernhofcafé ein. Hier freue ich mich über die gemütliche Atmosphäre, über die Wärme, die mich drinnen umfängt. Auch kann ich mich hier mit einer Kleinigkeit zu essen stärken, suche mir aus dem reichhaltigen Kuchenbuffet etwas aus, sitze entspannt mit dem Blick nach draußen und genieße diese Köstlichkeit, die Ruhe und die Pause. Das Café ist weitgehend leer, nur mir gegenüber sitzt ein älteres Pärchen, das sich angeregt miteinander unterhält. Ich fühle mich erschöpft und habe keine Lust zu reden, genieße die Entspannung ohne jegliche Verpflichtung.

Blick auf den Wanderrucksack

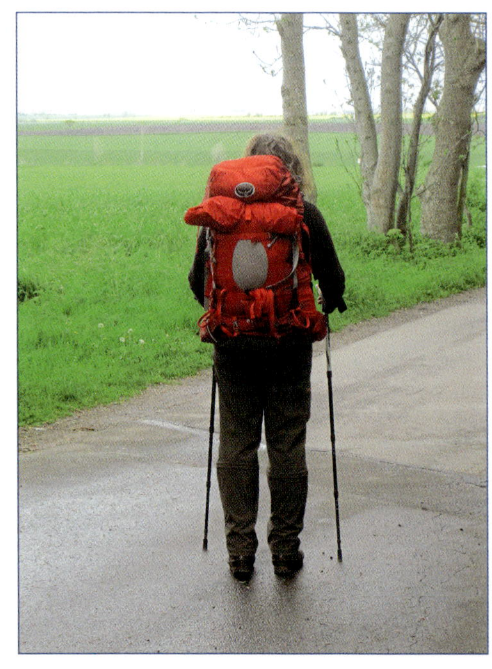

Den Ort Bannesdorf mit seiner Johanniskirche aus dem 13. Jahrhundert lasse ich links liegen, ich habe keine Lust mehr auf Umwege und weitere Kilometer. So erreiche ich schließlich Presen, wo ich nicht nur die Ostsee sehen kann, sondern auch am Deich entlang die vielen Schafe bewundere, ein schöner, friedlicher Anblick.

Noch immer gibt es Pfützen am Boden, aber es hat den Anschein, dass das Wetter aufklart, der Himmel heller wird, denn so manches Mal blitzt die Sonne inzwischen durch das Wolkengeflecht hervor.

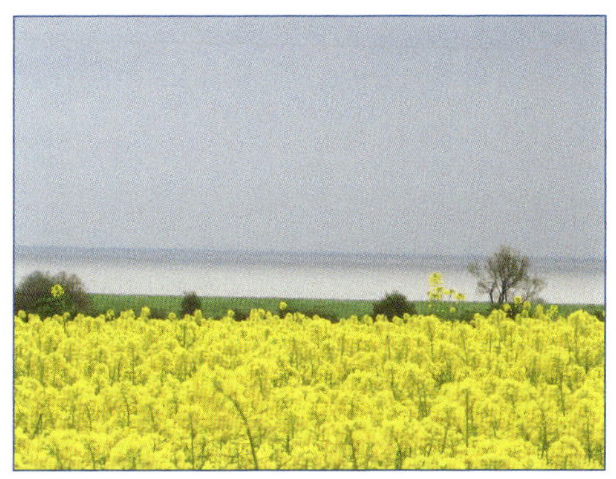

Blick auf die Ostsee

Und schließlich stehe ich vor dem Hinweisschild: Puttgarden 3,5 km. Ich bin aufgeregt und freue mich, in Kürze mein Ziel zu erreichen. Von weitem kann ich inzwischen die vielen Windräder des Windparks sehen und freue mich über die ökonomische Energiegewinnung. Auch treffe ich hier auf den Ostseeküstenradweg, der kurz hinter Presen mit dem Mönchsweg zusammentrifft. Ich laufe an Marienleuchte vorbei, überquere die Bahnschienen und unterquere die B 207, bevor ich Puttgarden erreiche.

Mit wenig Mühe frage ich mich zu meinem vorgebuchten Quartier durch – und dort erwartet mich eine unschöne Überraschung: Offensichtlich ist mein Vermieter in der Zwischenzeit verstorben, das Haus ist leer und ich entnehme dem Zettel hinter der Tür, was passiert ist. Ich bin schockiert über die Tatsache, dass ich keinerlei Information bekommen habe, muss jetzt also eine andere Lösung finden, schnell. Im langgestreckten Ort Puttgarden habe ich beim Vorbeigehen gese-

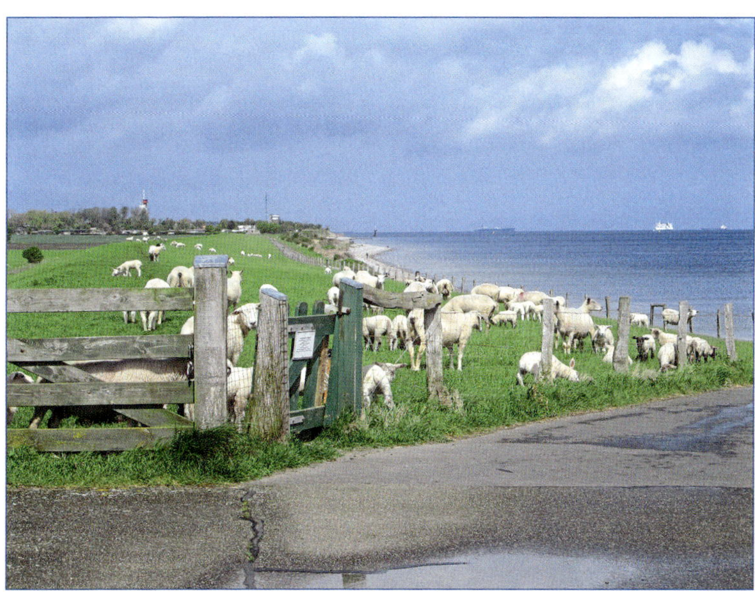

Schafe am Deich

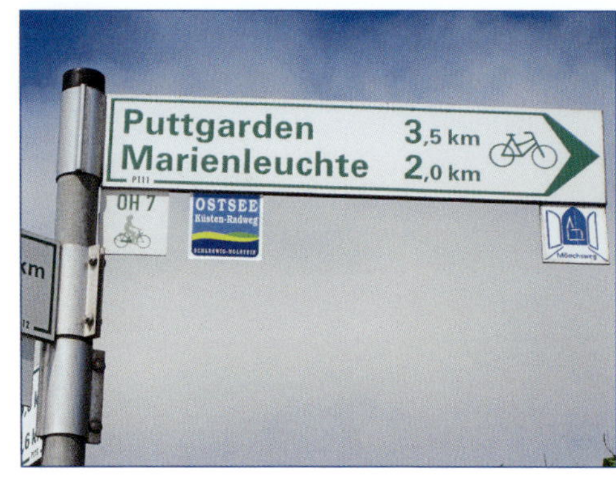

hen, dass es eine weitere Pension gibt. Jedoch liegt diese weit vom Fährterminal und vom Bahnhof entfernt, so dass ich mich entschließe in dem großen Hotel in der Nähe von Bahnhof und Fährterminal zu fragen, ob ich ein Zimmer bekommen kann. Und ich habe Glück: Das etwas antiquierte Hotel ist nahezu leer und ich miete ein Zimmer. Zwar muss ich weitaus mehr Geld investieren als in der von mir vordem gebuchten Pension, aber das kann ich nun nicht mehr ändern. Ich genieße einen relativen Luxus im Ankommen und miete mich für zwei Nächte in diesem Hotel ein.

Ich bin angekommen, froh und zufrieden, müde und erschöpft, verschwitzt und frierend, aber ich bin angekommen und habe mein Ziel erreicht, freue mich jetzt darauf, Pause zu haben. Nach dem Duschen und Waschen der Wäsche auf meinem Zimmer schlafe ich für gut zwei Stunden, erhole mich von der letzten Aufregung, von den Anstrengungen des Weges. Ich bin dankbar und glücklich, entspanne und genieße die Pause.

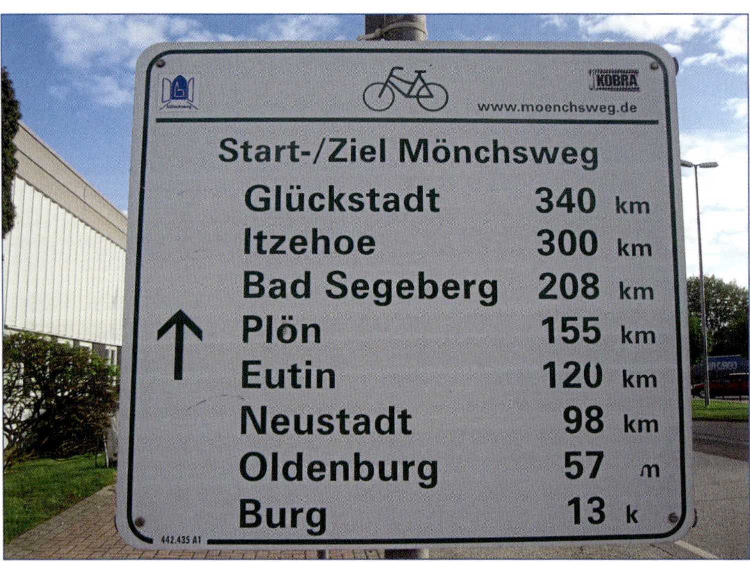

Hinweisschild am Bahnhof von Puttgarden: Start und Ziel des Mönchsweges

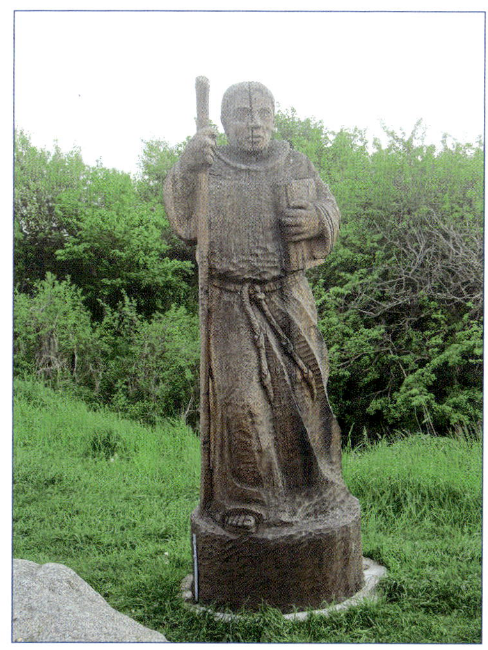

Später dann erkunde ich den Fährhafen, frage nach der Fähre nach Rödby in Dänemark: Es ist ganz einfach, denn die Fähre fährt stündlich jeweils um 15 und 45 Minuten nach der vollen Stunde, kostet 6 € und bringt mich in etwa einer Stunde nach Dänemark. Das mache ich morgen, entscheide ich schnell. Jetzt habe ich erst einmal Hunger und muss mich im Restaurant am Terminal mit einer Mahlzeit stärken.

Später dann gehe ich auf Entdeckungsreise, finde den Bahnhof und dort per Zufall das Schild für den Start und das Ziel auf dem Mönchsweg.

Inzwischen ist das Wetter wirklich freundlicher geworden, die Sonne scheint und die Ostsee schillert in einem satten Blau. In der Nähe des Fährhafens

Mönchsstatue in Puttgarden

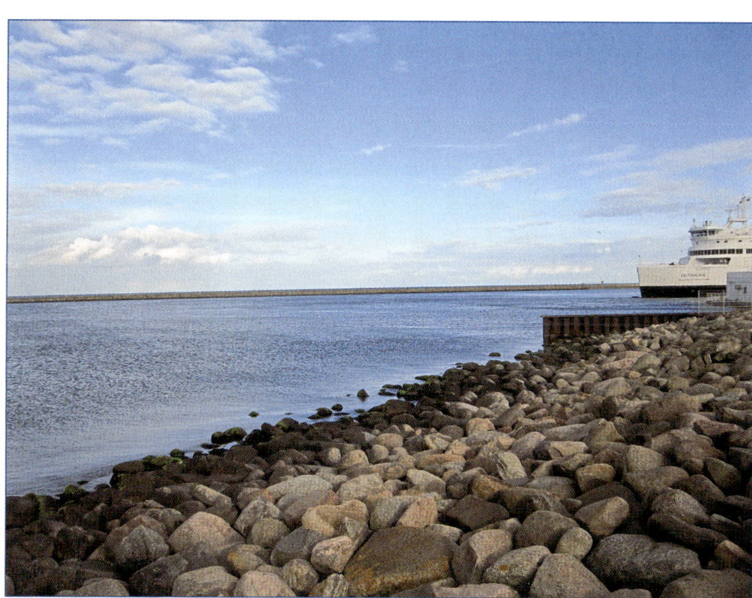

Blick auf die Ostsee und die Fähre in Puttgarden

finde ich schließlich noch einen Mönch aus Holz, einen würdigen Abschluss für den Mönchsweg. Mir gefällt diese Darstellung sehr, zeigt sie doch, wie die Mönche früher auf ihren Wegen gekleidet waren. Dieses übergroße Standbild ist beeindruckend und sehr stilvoll.

Und schließlich zeigt sich das Meer von seiner schönsten Seite, die ich nur zu gerne in ein Foto banne. Für mich hat es den Anschein, dass ich am Ende meiner Wanderung mit diesem herrlichen Abend am Meer belohnt werde.

Später dann kehre ich zu meinem Hotel zurück, wo sich inzwischen doch weitere Gäste eingefunden haben, Reisende, die mit ihren Familien im Auto unterwegs sind. Auch übernachten hier offensichtlich viele Fernfahrer, die mit ihren Brummis zwischen Skandinavien und Deutschland oder noch auf weiteren Strecken unterwegs sind.

Ich genieße ein köstliches Abendessen und habe immer mal wieder Gesellschaft von einem kleinen Mädchen vom Nebentisch, das mir Geschichten von ihrer Reise erzählt. Auch bei diesem kleinen Mädchen merke ich bereits die Faszination, die das Reisen auch bei mir ausgelöst hat. Es lohnt sich stets über den Tellerrand zu sehen, denn man wird mit neuen Eindrücken, Erlebnissen und Einsichten belohnt.

Heute Abend bin ich sehr zufrieden mit mir, mit meinem Weg, mit meinen weiteren Plänen und mit der Tatsache, dass ich alle Schwierigkeiten auf dem Weg habe lösen können. Und ich habe Heimweh: Nach einem langen Telefonat mit meinem Mann freue ich mich wieder auf zu Hause. Auch das ist ein schöner Nebeneffekt des Reisens: Wer in der Ferne war, der weiß das Gute, was er oder sie zu Hause hat, erst wieder so richtig zu schätzen.

Heute Abend genieße ich mein schönes Hotelzimmer, gehe früh schlafen und freue mich ein wenig mehr Komfort zu haben als in den letzten Tagen. Sehr zufrieden schlafe ich entspannt ein, einem weiteren freien Tag entgegen.

Bereits im Jahre 826 unternahm der Missionar Ansgar die erste Missionsreise nach Dänemark, missionierte später auch in Schweden, wollte das Christentum verbreiten und taufte auch dort Menschen und gründete Kirchen. Fehmarn jedoch selbst war lange Zeit von slawischen Seeräubern bewohnt und wurde erst im 12. Jahrhundert christianisiert.

So liegt es auch für mich nahe, dass ich die Gelegenheit nutzen möchte, um einen Blick in die nordischen Länder zu werfen. Für einen Tag nach Dänemark zu fahren lohnt sich ganz sicher, zumal das mit der Fähre ganz problemlos möglich ist. Ich bin also früh unterwegs, freue mich wieder über einen zwar kühlen, aber sonnigen Tag.

Mit etwas Mühe finde ich den Fährzugang für Fußgänger, muss warten, bis die Passagierschleuse geöffnet wird und kann dann mit den anderen Gästen, die auch zu Fuß unterwegs sind, nach kurzer Zeit die Fähre betreten. Hier gibt es viel zu sehen und ich verbringe die Überfahrt nach Rödbyhaven überwiegend draußen in der Sonne, genieße den Wind und das Meer und beim Ankommen die Sicht auf Rödbyhaven. Vom Fähranleger geht es dann problemlos in einer Viertelstunde in die kleine Fußgängerzone des Anlegerdorfes. Hier gibt es bei einem Bäcker noch einen Kaffee für mich und auch die Information, wie ich mit dem Bus weiter nach Rödby komme. Nach kurzer Wartezeit fahre ich also von der nächsten Straßenecke weiter bis nach Rödby.

Jedoch auch hier gibt es nicht allzu viel zu sehen, der Ort gleicht zurzeit einer Baustelle, Rohre werden verlegt. Also frage ich mich weiter durch und finde den Bus nach Maribo, wo ich nach gut vierzig Minuten problemlos in der Fußgängerzone ankomme. Maribo ist nun deutlich größer, sehr schön und gepflegt angelegt und typisch dänisch: Es gibt dänische Hot Dogs und die besondere Eiscreme, die es so nur in Dänemark zu erstehen gibt. Ich probiere und genieße diese seltenen Köstlichkeiten, die zwar teuer sind, aber trotz alledem wunderbar schmecken.

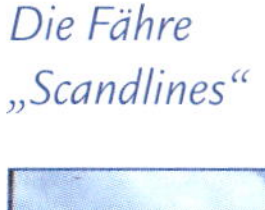

Die Fähre „Scandlines“

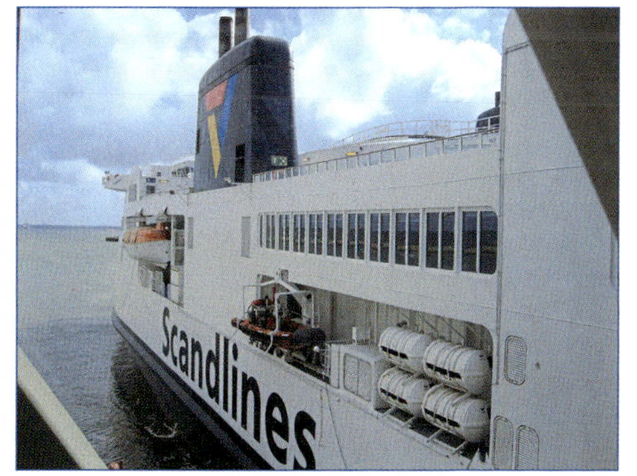

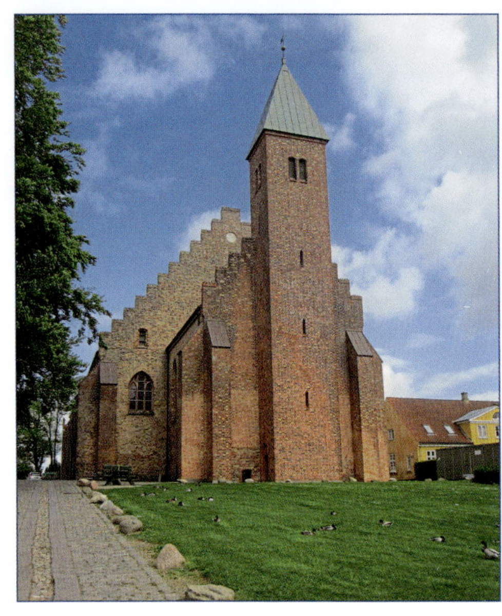

Der Dom von Maribo in Dänemark

Und schließlich finde ich auch den Dom von Maribo. Diese schlichte Backsteinkirche mit dem Stufengiebel wurde im 15. Jahrhundert als Klosterkirche des Erlöserordens erbaut, wurde aber später wieder abgerissen und im 17. Jahrhundert in der heutigen Form erneut aufgebaut. Von innen zeigt sich diese Kirche sehr schlicht in Weiß, klar und einfach, aber beeindruckend in ihrer Größe und Form. Draußen, vor der Kirche finde ich dann schließlich auf einer Tafel den Hinweis auf den Mönchsweg, den Radfernweg, der in Dänemark bis nach Roskilde verläuft und mit der Routennummer 88 und auf Lolland mit der Routennummer 89 versehen ist. Auch hier lässt sich also der Möchsweg sicherlich nicht nur mit dem Rad befahren, sondern auch zu Fuß pilgernd weiterhin belaufen. Ich bin fasziniert, von dem soeben gefundenen und bin mir sicher, dass eine solche Wanderung von 450 Kilometern in Dänemark durchaus auch ihren Reiz haben wird. Also habe ich erneute Pläne, Anreize, meine Pilgerreisen weiterhin in andere europäische Länder auszudehnen.

Ich bin froh, dass ich am Nachmittag den Rückweg per Bus zeitnah bewältigen kann, fahre mit der Fähre müde, aber sehr zufrieden zurück. Im Hotel angekommen, erwartet mich eine erneute Überraschung: Eine Radlergruppe übernachtet heute im Hotel, ist fröhlich und gut drauf und lädt mich nach kurzer Zeit ein, mich bei ihnen mit an den Tisch zu setzen. Hier in dieser Gruppe sind sieben Personen, Paare und auch Einzelpersonen, zusammen auf einem Teil des Mönchsweges unterwegs gewesen, sind heute in Puttgarden angekommen und wollen morgen wieder mit der Bahn nach Hause fahren. Diese Menschen sind mir sympathisch, sie sind offen und herzlich und voller Freude über ihre so schöne Tour, auch wenn sie - so wie ich auch - das Wetter der letzten Tage beklagen.

Jedoch sind wir uns alle einig darüber, dass der Mönchsweg durch eine wunderbar abwechslungsreiche Landschaft führt, auf Nebenwegen durch oftmals einsame Landschaften in herrlicher Natur verläuft. Der

Mönchsweg bietet dem Wanderer oder Radfahrer alles, was Schleswig-Holstein zu bieten hat: Die Elbe und die Stör, also Flüsse ab Glückstadt, die Ostholsteinische Seenplatte und schließlich die Ostsee mit ihren Badeorten. Dazwischen eingebettet finden sich kleine Orte mit großen und beeindruckenden Kirchen aus dem 12. Und 13. Jahrhundert, Orte mit vielfach alten Häusern. Auf den Wegen dann gibt es alles, was man sich wünschen kann: Wiesen mit Kühen und Pferden, Felder mit gerade jetzt im Mai so schön blühendem Raps, Knicks, die die Felder begrenzen, hügelige Landschaft in der holsteinischen Schweiz und immer wieder mal streckenweise Wald mit alten knorrigen Eichen und anderen Laubbäumen, im Segeberger Forst auch manchmal mit Nadelbäumen.

Am gemeinsamen Tisch mit der Radlergruppe wird gelacht und gescherzt, alle sind fröhlich und zufrieden über die erbrachte Leistung, motiviert von der schönen Natur und ausgeglichen durch den Abstand von der Arbeit oder den Pflichten von Zuhause. Was kann es also Schöneres geben, als dann noch die Gemeinschaft mit anderen zu genießen und sich über das kürzlich Erlebte auszutauschen? Heute Abend wird es spät, aber wir alle haben damit keine Probleme, denn jeder schläft im gleichen Hotel und so ist der Heimweg ins Zimmer überschaubar.

Und schließlich endet auch dieser schöne und unbeschwerte Abend. Wir verabschieden uns herzlich, hoffen aber morgen früh auf ein gemeinsames Treffen beim Frühstück. Mal sehen, ob das klappt. Ich selber schlafe an diesem schönen Abend spät ein, bin zu sehr aufgeregt und aufgewühlt von all` unseren Erzählungen. Aber eines weiß ich genau: Morgen fahre ich wieder nach Hause, sicherlich um einige Erfahrungen bereichert.

Nun ist es wieder so weit, der Tag der Rückreise ist angebrochen. Nach einem kurzen Frühstück, bei dem ich doch noch einige der Radlergruppe von gestern treffe, mache ich mich reisefertig. Ich verabschiede mich nochmals herzlich und laufe dann zum Bahnhof los. Dieser ist in fünf Minuten erreicht und so habe ich keinen Stress und kann alles in Ruhe hinbekommen. Die Lage dieses Hotels ist eben einfach nicht zu überbieten.

Am Bahnhof angekommen, muss ich dann nicht mehr lange warten, bis der Zug kommt. Er befindet sich in der gerade eingelaufenen Fähre und fährt direkt aus dem Bauch des Schiffes auf den Bahnhof zu, das ist wirklich ein besonderer Anblick.

Wenig später kann ich einsteigen, finde sofort einen Sitzplatz und bin froh, dass ich meine Fahrkarte bereits von zu Hause aus per Internet gekauft habe. Das hat mir heute ein wenig Stress erspart. So sitze ich gemütlich im Zug, lasse die Landschaften an mir vorbeisausen und hänge meinen Gedanken und Träumen nach. Ich hatte eine wunderbare Zeit mit Ruhe und viel Zeit für mich, habe so viel gesehen, konnte einige Menschen neu kennenlernen und mich mit ihnen über den Weg und Anderes austauschen und bin mir wieder einmal sicher, dass jede Reise sich lohnt. Für mich gibt es jedoch nur das Laufen, denn dieses Pilgern in der Natur macht mich in meiner Seele frei, entschleunigt mein Leben und gibt mir die Möglichkeit, die Natur zu genießen, ohne dass ich vom Straßenverkehr abgelenkt bin. Der Mönchsweg ist dafür ein wunderbarer Weg, auch wenn er über weite Strecken geteert ist. Jedoch sind die Wege gut ausgebaut, leicht und meist ohne jegliche Steigung zu belaufen und führen durch wundervolle Natur fernab der Hauptstraßen. Oft wäre ich gerne am Wegesrand eingekehrt, um mich zu verpflegen, um mich zu wärmen oder um vor dem Regen und Wind Schutz zu suchen. Jedoch war dieses vielfach nicht möglich. Demnach sollte man sich überwiegend für die Wanderstrecken selbst verpflegen, um für diese Schwierigkeiten gewappnet zu sein.

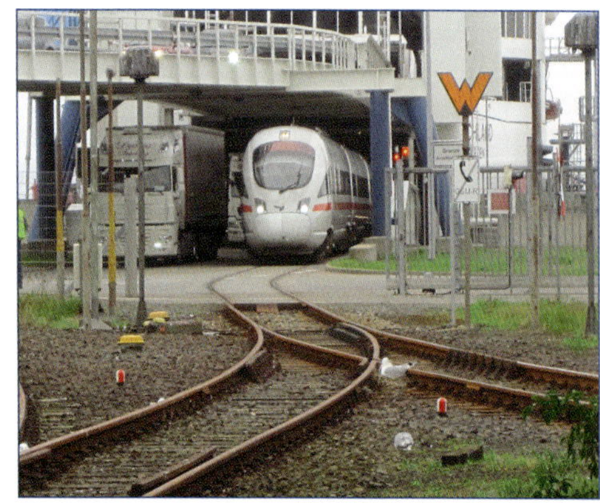

Zugausfahrt von der Fähre zum Bahnhof in Puttgarden

Und schließlich erreiche ich gegen Mittag meinen Heimatort, laufe mit meinem Rucksack noch einmal eine halbe Stunde, um mein Wohnhaus zu erreichen. Fast bin ich ein wenig traurig, dass ich mich heute mal wieder vorerst von meinem Rucksack verabschieden muss, denn die nächste Reise muss noch warten. Jedoch habe ich durchaus den Wunsch, den weiteren Weg in Dänemark und auch zu einem anderen Zeitpunkt vielleicht die Fortsetzung des Weges von Glückstadt bis Bremen zu laufen. Es ist so schön, Pläne zu haben und davon zu träumen, diese Pläne irgendwann zu verwirklichen. Der Mönchsweg hat mir auf meiner Pilgerwanderung gezeigt, dass es auch in meiner Heimat in Norddeutschland Wege gibt, die sich lohnen, dass man sie begeht, auch wenn die Preise für die Übernachtungen in Deutschland hoch sind und auch das Wetter nicht immer so schön ist wie in den südlichen Ländern Europas. Jedoch erscheint mir der Mönchsweg als ein idealer Einstiegsweg, denn in vertrauten Umgebung und Sprache fällt es vielen Menschen sicherlich leichter, sich allein oder zu zweit auf den Weg zu machen.

Das Laufen alleine ist jedoch auch von Vorteil, wenn man Abstand von häuslichen Sorgen sucht. Eine Möglichkeit stellt es demnach dar, dass die Menschen, die sich nicht alleine auf den Weg machen möchten, zusammen mit einem Freund oder einer Freundin auf dem Weg sind. Das schafft Gesellschaft und Kommunikation, ohne dass man sich fortwährend im vertrauten persönlichen Umfeld bewegt. Also, etwas Neues wagen, das gehört auch zu solch einer spirituellen Wanderung. Interessant war es für mich auch, den Spuren der Christianisierung in meinem Lebensumfeld zu folgen und zu sehen, welch herrliche Kirchen in diesem Zusammenhang in meiner Heimat im 12. und 13. Jahrhundert entstanden sind, die wir heute noch immer bewundern, erhalten und benutzen, die uns mit Ehrfurcht erfüllen und die die Geschichte unseres Glaubens besser verstehen lassen.

Mein Ankommen zu Hause war unspektakulär: Ich war allein zu Hause und musste warten, bis mein Mann eintraf, um sich meine Geschichten anzuhören. Beim Erzählen war ich wieder einmal so voller sprudelnder Neuigkeiten, dass all´ diese Dinge nicht an einem Tag zu erzählen waren. Die erlebten Tage wirken also nach, benötigen wiederum Zeit und Raum, um verstanden, gefühlt, zu Ende gedacht und behalten zu werden. Eine schöne, erfüllende Aufgabe, eine wunderbare Erinnerung für die kommende Zeit.

Schleswig-Holstein:
Eine wunderbare Landschaft!

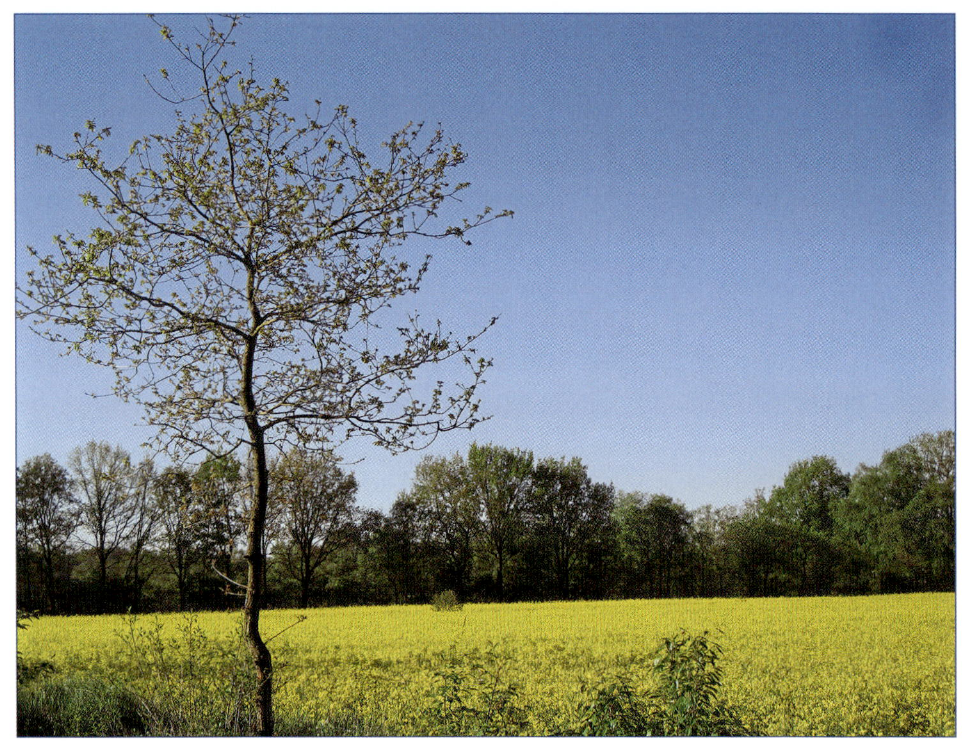

Rapslandschaft in Schleswig-Holstein

Der Mönchsweg, ursprünglich als Radweg konzipiert, eignet sich nach meinem Erleben sehr gut als Wanderweg zum Pilgern, denn er erfüllt die Kriterien, die für diesen Zweck von Bedeutung sind:

- Es besteht eine religiöse, christliche Nähe zur Geschichte dieses Weges, es ist der Weg der Christianisierung hier in Schleswig-Holstein.
- Eine Einkehr in die Kirchen am Wege ist täglich möglich.
- Er ist einsam und verläuft fern von den Hauptstraßen.
- Es lässt sich eine Infrastruktur finden, die es ermöglicht, in machbaren Etappen zu wandern und zu übernachten.
- Es ist ein sicherer Weg.
- Er führt durch intakte Naturräume, die an Vielfältigkeit kaum zu überbieten sind (Flüsse, Seen, Meer).
- Weite Strecken sind naturbelassen und auch zum Teil nicht kultiviert.
- Die Gesamtlänge ist mit 340 km überschaubar.
- Der Schwierigkeitsgrad ist gering, da die Wege ebenmäßig und ohne Steigung sind.

Also, Mut zu neuen Pilgerwegen!

ÜBERNACHTUNGSVERZEICHNIS

Um die wenigen an der Strecke gelegenen Übernachtungsmöglichkeiten nutzen zu können, sollten die Übernachtungen rechtzeitig (zwei bis drei Monate vor Reiseantritt) gebucht werden. Das gilt besonders für die Ostseebäder.
Die von mir genutzten Übernachtungsmöglichkeiten stellen eine - meist preisgünstige - Möglichkeit dar, die nicht unbedingt die beste Möglichkeit sein muss.

Fährhaus Hodorf,
Dorfstr. 14, 25569 Hodorf,
Tel.: 01577-2660179, info@faerhaus-hodorf.de

Hotel Café Schwarz,
Breitenburger Str. 14, 25524 Itzehoe,
Tel.: 04821-2987, info@hotel-schwarz-itzehoe.de

Radlerherberge Am Mönchsweg,
Hauptstr. 58, 25548 Kellinghusen,
Tel.: 04822-70462, radlerherberge@am-moenchsweg.de

Ferienwohnung Fuchs,
August-Kühl-Str. 108, 24576 Bad Bramstedt,
Tel: 0176-43105638 oder 04192-899164,

Gaststätte zur Mühle,
Brokenlander Str. 14, 24623 Großenaspe,
Tel.: 04327-140775

Ferienwohnung „Am Rathaus“,
Lübecker Str. 6, 23795 Bad Segeberg,
Tel.: 01511-9039028

Ferienwohnung Schulz,
Iserstr. 2, 24610 Trappenkamp,
Tel.: 04323-2798, ferienwohnung@amschulz.de

Haus Schwanensee,
Plöner Str. 15–19, 23715 Bosau,
Tel.: 04527-9970.0, info@schwanensee.com

Gästehaus Diana,
Harringsredder 2, 23714 Bad Malente,
Tel.: 04523-3474, info@hotel-diana.de

Hotel Holländersruh,
Kremperstr. 13, 23730 Neustadt in Holstein,
Tel.: 04561-4370, info@hollaenersruh.de

Ostsee Pension Grömitz,
Lindenstr. 5, 23743 Grömitz,
Tel.: 04562-255469, info@groemitz-pension.de

Haus Lumaschi,
Burgtorstr. 44, 23758 Oldenburg,
Tel.: 04361-2816, 04361-5063440, HausLumaschi@t-online.de

Villa Daheim,
Friedrich-Ebert-Str. 18, 23774 Heiligenhafen,
Tel.: 0173-3125740 oder 04362-504855,
info@villadaheim-heiligenhafen.de

Pension Zur Sonne,
Burg, Sahrensdorfer Str. 35, 23769 Fehmarn,
Tel.: 04371-3395, C.stieper@t-online.de

Hotel Dania,
Fährhafenstr. 1, 23769 Puttgarden/Fehmarn,
Tel.: 04371-866-0, Hotel-Dania@t-online.de

Rucksack, 55 l, 1550 g
Buch für Notizen, 260 g
Regencape, 300 g
Kleiner Faltrucksack für die Nachmittage, 140 g
Fleecejacke, 150 g
Halstuch, 10 g
Fleecepulli, 100 g
Kulturtasche 20 g
Inhalt zur Kulturtasche, 300 g
1 Paar leichte Turnschuhe 250 g
Käppi, 10 g
Badelatschen, 180 g
1 kurze Hose 100 g
1 lange Hose, 170 g
2 Paar Socken 20 g
Nachtzeug, 150 g
2 Lauf-T-Shirts, kurzärmelig, 120 g
1 Lauf-T-Shirt, langärmelig, 100 g
2 x Unterwäsche, 80 g
1 Bluse, langärmelig, 120 g
1 Bluse, kurzärmelig, 100 g
1 Pfefferspray, 80 g
Schnürsenkel als Ersatz u. als Wäscheleine, 40 g
6 Wäscheklammern, 30 g
Ersatzstopfen für Walkingstöcke, 60 g
Fotoapparat, Handy, 200 g
Bauchtasche für Wertsachen (unter der Hose getragen), 50 g

Summe: 4690 g

Dazu kommt eine vollständige Garnitur Kleidung mit den Trecking-stiefeln, knöchelhoch, die am Reisetag getragen wird. Unterwegs benötige ich dann noch
Walkingstöcke, 200 g
2 x 0,5 l-Flaschen mit Mineralwasser
gesalzene Erdnüsse als Notfallnahrung, 100 g

LITERATUR

Folgende Literatur erwies sich für mich als hilfreich während meiner Wanderung und auch zur Vorbereitung:

Hans-Jürgen Fründt, Schleswig-Holstein: Mönchsweg, Outdoor Handbuch Band 233, Welver 2008

Mönchsweg Radwanderkarte, Bielefeld 2008

Mönchsweg - Mit Leib und Seele, Informationen und Unterkünfte, Hrsg. Mönchsweg e.V. Büro Lebensraum Zukunft, Marienthaler Str. 20, 24340 Eckernförde, Tel.: 04351-735273, info@moenchsweg.de

BIOGRAPHIE

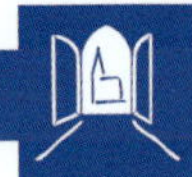

Anna Malou wurde 1952 in Berlin geboren und lebt heute mit ihrer Familie in Norddeutschland. Viele Jahre arbeitete Anna Malou als Lehrerin und ist nun freiberuflich als Autorin und Malerin (Aquarelle) tätig.
Sie schreibt Gedichte und Geschichten, aber auch Reiseberichte über ihre Reisen auf den Jakobswegen. Weiterhin hat Anna Malou von ihren faszinierenden Reisen auf den Jakobswegen eine Vielzahl von Naturfotografien mitgebracht, die sie in Auszügen in Bildbänden mit philosophischen Sprüchen veröffentlicht hat.
Ihre Fotografien und Aquarelle stellt Anna Malou inzwischen auch aus.
Nähere Informationen gibt es auf der Homepage unter
www.annamalou.de.

„Keine Liebe ohne Dornen“, Frankfurt 2007
„Stationen“, Frankfurt 2007
„Wenn nicht jetzt, wann dann? Eine Reise auf dem Jakobsweg“, Gründau-Rothenbergen 2008
„Verwunschene Wege: Sprüche und Bilder zum Camino de Santiago“, Halle 2009
„Traumzeit – auf den Spuren des Jakobus: Eine Frau pilgert auf den Jakobswegen von Südportugal nach Nordspanien“, Halle 2010
„Lebenswellen – Beziehungsebenen in Lyrik und Prosa“, Halle 2010
„Blumen am Jakobsweg – Impressionen von der Via de la Plata“, Fotografien und Sprüche, Halle 2011
„Flowers along the Camino de Santiago Trail – Impressions (photos and epigrammatic sayings) from the Via de la Plata, Halle 2011
„Auf der Suche nach dem Glück: Eine Frau auf Pilgerreise auf der Via de la Plata“, Leipzig 2012
„Looking for Happiness: A Woman going on a Pilgrimage along the Via de la Plata“, Leipzig 2013
„Faszination Camino – Gesund werden und gesund bleiben auf dem Jakobsweg: Caminho Portugues und Camino Inglés“, Leipzig 2013
Die Reiseberichte sind 2012–2014 auch als E-Books erschienen.
Vielfältige Veröffentlichungen in Anthologien und auch bei Nordbuch e.V.